Das Freisein von etwas
erfährt seine Erfüllung
erst in dem Freisein für etwas.

Dietrich Bonhoeffer

gutes leben
bene!

Für Petzoldts: Klaus, Luise, Christian, Martin. Ihr fehlt.

Barbara Ellermeier

DIETRICH BONHOEFFER

ES LEBE DIE FREIHEIT!

Gehorsam folgt blind,
Freiheit hat offene Augen.

Man muss sich
durch die kleinen Gedanken,
die einen ärgern,
immer wieder hindurchfinden
zu den großen Gedanken,
die einen stärken.

Dietrich Bonhoeffer

Berlin, am Morgen des 1. Juli 1937. Eine Kolonne schwarzer Mercedes-Limousinen fährt beim Pfarrhaus in Berlin-Dahlem vor. Alle, die sich in der Cecilienstraße 61 befinden, stehen unter Hausarrest! Die Geheime Staatspolizei durchsucht das Gebäude!

Neben der Pfarrfrau, Else Niemöller, sind an diesem Morgen Dietrich Bonhoeffer, Eberhard Bethge und Eugen Rose – drei Pastoren der Bekennenden Kirche – anwesend. Pfarrer Martin Niemöller ist kurz zuvor abgeführt worden. Die vier wissen nicht, dass man ihn acht Jahre festhalten wird: als »persönlichen Gefangenen« Adolf Hitlers, des »Führers«. Schon eine Woche zuvor sind eine ganze Reihe ihrer Pfarrerkollegen verhaftet worden. Wie sie sich gegen diese Attacken des nationalsozialistischen Regimes zur Wehr setzen könnten, das wollten sie an diesem Morgen besprechen. Doch nun der Hausarrest.

Systematisch durchsuchen die Gestapo-Beamten Niemöllers Studierzimmer. Jede Schublade, jeden Ordner, jede Kladde. Bonhoeffer und die anderen können nur zusehen. Acht endlose Stunden lang.

Dietrich Bonhoeffer lässt sich nicht einschüchtern. Sein Glaube gibt ihm Halt. So schreibt er »Über den Morgen«:

Der Anfang des Tages soll für den Christen nicht schon belastet und bedrängt sein durch das Vielerlei des Werktages. Über dem neuen Tag steht der Herr, der ihn gemacht hat. Alle Finsternis und Verborgenheit der Nacht mit ihren Träumen weicht allein dem klaren Licht Jesu Christi und seines erweckenden Wortes. Vor ihm flieht alle Unruhe, alle Unreinheit, alle Sorge und Angst. Darum mögen in der Frühe des Tages die mancherlei Gedanken und die vielen unnützen Worte schweigen, und der erste Gedanke und das erste Wort mögen dem gehören, dem unser ganzes Leben gehört. […][1]

*

Jeder neue Morgen ist ein neuer Anfang unseres Lebens. Jeder Tag ist ein abgeschlossenes Ganzes. Der heutige Tag ist die Grenze unseres Sorgens und Mühens. Er ist lang genug, um Gott zu finden oder zu verlieren, um Glauben zu halten oder in Sünde und Schande zu fallen. […]

Die alte Treue Gottes allmorgendlich neu zu fassen, mitten in einem Leben mit Gott täglich ein neues Leben mit ihm beginnen zu dürfen, das ist das Geschenk, das Gott uns mit jedem neuen Morgen macht. […]

Nun hat Gott in dem Schweigen des Morgens sein Wort geredet, nun haben wir mit ihm und mit der Gemeinde der Christen Gemeinschaft gefunden.

Sollten wir nun nicht zuversichtlich an das Tagewerk gehen? [2]

*

Wenn er nicht in Berlin festgehalten würde, dann wäre Dietrich Bonhoeffer jetzt in Finkenwalde, in einem ehemaligen Gutshaus bei Stettin. Er würde eine kleine Gruppe angehender Pastoren unterrichten, mit ihnen Predigten erarbeiten, biblische Texte meditieren, Psalmen lesen, gemeinsam beten und singen.

Verborgen in Pommern hat Dietrich ein illegales Predigerseminar aufgebaut. Gemeinsam mit wenigen Mitarbeitern leitet er es im Auftrag des »Bruderrates« der Kirche der Altpreußischen Union, einer evangelischen Landeskirche im Deutschen Reich.

*

Seit 1933 sind im Deutschen Reich die Nationalsozialisten an der Macht. Systematisch attackiert die Regierung Kirchenleute, Pfarrer, Christen. In einer SS-Zeitschrift steht in diesen Wochen: *Geldspenden an die Bekennende Kirche landen direkt bei Juden, Verbrechern und Huren! Man soll nichts mehr spenden!* Immer mehr Pfarrer, die von der Kanzel aus die Verfolgung der Juden oder die Angriffe gegen Kirchenleute anprangern, werden verhört, bedroht, verhaftet, zusammengeschlagen. Auch 27 junge Pfarrer, die Bonhoeffer ausgebildet hat, kommen im Lauf des Jahres 1937 ins Gefängnis.

Die Gemeinschaft mit den jungen Kandidaten im Predigerseminar bedeutet Dietrich Bonhoeffer viel. Aber er weiß auch, dass es für ihn persönlich eng wird. Unter diesem Eindruck verfasst er den folgenden Text.

Dietrich Bonhoeffer: »Gemeinschaft«

Es ist nichts Selbstverständliches für den Christen, dass er unter Christen leben darf. Jesus Christus lebte mitten unter seinen Feinden. Zuletzt verließen ihn alle Jünger. Am Kreuz war er ganz allein, umgeben von Übeltätern und Spöttern. Dazu war er gekommen, dass er den Feinden Gottes den Frieden brächte. So gehört auch der Christ nicht in die Abgeschiedenheit eines klösterlichen Lebens, sondern mitten unter die Feinde. Dort hat er seinen Auftrag, seine Arbeit.[3]

*

Ein Beschluss von Heinrich Himmler, dem »Reichsführer SS und Chef der Deutschen Polizei«, beendet die illegale Theologenausbildung durch Bonhoeffer und sein Team.

»Zum Schutz von Volk und Staat«, so heißt es in der Begründung.

Keine theologischen Kurse mehr! Keine Prüfungen! Keine Freizeiten!

Am 28. September 1937 versiegeln Beamte der Geheimen Staatspolizei das Finkenwalder Haus, in dem sich 112 junge Pastoren auf die theologische Prüfung vorbereitet haben.

Doch schon zwei Monate später machen Dietrich Bonhoeffer und seine Kollegen weiter mit der illegalen Ausbildung. »Wir denken euer aller, besonders der Gefangenen täglich. Denkt ihr auch des neuen Arbeitsanfangs bei uns«, schreibt Bonhoeffer Anfang Dezember 1937 an die jungen Pfarrer aus ihrem Kreis.

So werden in den kommenden Jahren noch einmal fünf Kurse stattfinden, in denen 67 junge Theologen für die Bekennende Kirche ausgebildet werden. In zwei Pfarrhäusern in Hinterpommern – in Köslin und Groß-Schlawe, ab April 1939 dann in Sigurdshof – können die Kandidaten sich gemeinsam auf ihre Prüfung vorbereiten. Offiziell sind sie an den unterschiedlichsten Orten einem »legalen« Pfarrer zugeordnet, bei dem sie als Vikare gemeldet sind. Zwei Superindentenden decken diese Konstellation gegenüber kirchlichen und staatlichen Stellen.

Wer kommt ins illegale Predigerseminar? Nicht mehr Studenten, sondern »Kandidaten« der Theologie. Vikare waren sie in ihren Ausbildungsgemeinden – aber sie haben sich nicht der Reichskirche unterstellt, sondern dem Bruderrat der Bekennenden Kirche. Dieser wehrt sich dagegen, dass die Nationalsozialisten einen »Reichsbischof« eingesetzt haben und systematisch versuchen, die kircheneigene Verwaltung zu beseitigen.

Faktisch ist die Evangelische Kirche in Deutschland gespalten. Die eigene Ausbildung, die eigenen Prüfungen der Bekennenden Kirche haben ein Nachspiel: Wie die Zukunft dieser jungen Menschen aussieht, ist fraglich.

Denn sobald der junge Pfarrer ihr Predigerseminar verlässt und eine Anstellung sucht, erwartet ihn die Ungewissheit. Wird die Reichskirche sein theologisches Examen anerkennen? Wird eine Gemeinde ihn wählen – oder lieber einen Pfarrer der Reichskirche? Kann er in einem Pfarrhaus wohnen oder nicht? Wird er Geld verdienen, ein sicheres Monatsgehalt bekommen? Später eine Rente gezahlt kriegen?

All das ist fraglich – und wenn ein junger Mann eine Familie gründen will, wendet er sich oft der sicheren Bezahlung zu: Viele, viele Pastoren, die Bonhoeffer und seine Mitarbeiter ausgebildet haben, werden von der »offiziellen« Kirche abgeworben, die unter dem Einfluss der nationalsozialistischen Regierung steht. Enttäuschte Notizen verraten, wie sehr dies den Theologen verletzt.

Die Ereignisse der letzten Wochen und Monate quälen ihn.

Freiheit ist in der Sprache der Bibel nicht etwas, das der Mensch für sich hat, sondern das er für den anderen hat.

Kein Mensch ist frei »an sich«, d. h. gleichsam im luftleeren Raum, so wie er musikalisch, klug oder blind an sich ist. Freiheit ist keine Qualität des Menschen, keine noch so tief irgendwie in ihm aufzudeckende Fähigkeit, Anlage, Wesensart.

Wer den Menschen auf Freiheit hin durchforscht, findet nichts von ihr.

Warum? Weil Freiheit nicht eine Qualität ist, die aufgedeckt werden könnte, kein Besitz, kein Vorhandenes, Gegenständliches, auch keine Form für Vorhandenes, sondern weil Freiheit eine Beziehung ist und sonst nichts.

Und zwar eine Beziehung zwischen zweien. Freisein heißt, »frei-sein-für-den-anderen«, weil der andere mich an sich gebunden hat. Nur in der Beziehung auf den anderen bin ich frei. […]

Das ist die Botschaft des Evangeliums selbst, dass Gottes Freiheit sich an uns gebunden hat, dass seine freie Gnade allein an uns wirklich wird, dass Gott nicht für sich frei sein will, sondern für den Menschen.[4]

*

Bonhoeffer hat eine vielversprechende Karriere an der Universität aufgegeben und eine prestigeträchtige Pfarrstelle in London verlassen, um die jungen Pfarrer hier in der pommerschen Provinz zu unterrichten. Wer ist Dietrich Bonhoeffer?

»Von Statur hoch gewachsen, [...] aber zugleich sportlich«, so beschreibt ihn einer der Kandidaten, Otto Berendts. »Wir wussten lediglich, dass er im Unterschied zu den meisten von uns schon in der Welt herumgekommen war: Barcelona, New York, London, ökumenische Konferenzen im europäischen Ausland. Sonst keine Besonderheiten. Und doch ein Besonderer. Da war nichts Angelerntes, alles sehr souverän. Er brauchte nichts aus sich zu machen, er *hatte* es einfach! – Etwas Zuverlässiges in seiner Ausstrahlung, etwas Zutrauen-Erweckendes und zugleich Abstand-Haltendes und unabsichtlich Elitäres. Hintergrund und Tradition seiner [großbürgerlichen Professoren-]Familie hafteten ihm an, auch wenn wir das zunächst nicht erkannten.«[5]

Zwar gehen Spenden ein, und die Pfarrer und Hilfsprediger legen ihre Gehälter zusammen: Doch der Löwenanteil zur Finanzierung des Predigerseminars kommt aus Bonhoeffers privater Tasche.

*

Dietrich scheint der Mittelpunkt jeder Gruppe zu sein: Er lehrt, predigt, schreibt. Gemeinsam singen sie, lernen, veranstalten Gottesdienste und Hausbesuche in den Gemeinden. Zusammen treiben sie Sport, schwimmen, unternehmen lange Spaziergänge. Die Kandidaten nennen ihn nicht »Direktor«, sondern »Bruder Bonhoeffer«.

Nicht jeder, der in Finkenwalde lernt, ist automatisch »im Widerstand«: Manche Kandidaten sind deutschnational eingestellt, haben begeistert für den Anschluss Österreichs gestimmt und 1933 konservativ-nationale Parteien gewählt. Doch viele erzählen von NS-Bespitzelung in den Gottesdiensten und Bibelstunden daheim, von Anzeigen, von Verhören. Immer wieder nimmt Bonhoeffer die jungen Theologen mit zu Sitzungen, in denen die Angriffe des Nazi-Staates von Kirchenmännern diskutiert werden.

Verfolgte Amtsbrüder können als Gast ins Predigerseminar kommen. So lädt Bonhoeffer für längere Zeit einen von der SA zusammengeschlagenen Pfarrer jüdischer Herkunft ein; ebenso zwei Pfarrer nach ihrer monatelangen Haft, damit sie sich erholen können.

Wer in Finkenwalde lernt, begegnet Menschen, die in Nazideutschland verfolgt werden.

Am 23. August 1937 wird Wilhelm Rott, der in Finkenwalde vier Kurse gemeinsam mit Bonhoeffer unterrichtet hat, in Berlin verhaftet. Zwei lange Monate sitzt er in Haft, weil er nun in Berlin bei der Vorläufigen

Leitung der Bekennenden Kirche arbeitet. »Fluchtverdacht« und »Verdunklungsgefahr«, das wird ihm vorgeworfen. Als er endlich entlassen wird, holt Bonhoeffer ihn persönlich am Gefängnis ab – versucht, so etwas wie Normalität herzustellen. Dem rohen Schrecken der Naziherrschaft stellt er Kunst und Kultur entgegen. »Wir besuchen die Oper Don Giovanni«, sagt er dem erschöpften Kollegen zur Begrüßung. Aber das Leben als Andersdenkender wird zunehmend unerträglich. Bonhoeffers »nichtarischer« Schwager mit jüdischen Vorfahren, der Jura-Dozent Gerhard Leibholz, darf nicht mehr an der Universität unterrichten; er wird 1938 mit Dietrichs Schwester und zwei Töchtern nach England fliehen.

In den kommenden Jahren wird die nationalsozialistische Regierung Dietrichs persönliche Freiheit immer weiter einschränken.

Er darf nichts mehr veröffentlichen.
Er darf nicht mehr an der Universität unterrichten.
Er darf nicht mehr öffentlich auftreten oder predigen.

Er verdient kaum noch Geld und hat keine richtige Pfarrstelle inne.

Ob sein Reisepass verlängert wird, ist zunächst unklar; dann könnte er seine regelmäßigen Auslandsreisen nicht mehr durchführen.

*

Immer deutlicher zeichnet sich ab: Hitler wird Deutschland in einen Krieg führen. Systematisch bricht der »Führer« Abmachungen, die nach dem Ersten Weltkrieg getroffen worden sind. Mehr und mehr rüstet Hitler das Heer auf, zwingt die Jugendlichen in paramilitärische Jugendgruppen und den Arbeitsdienst, lässt Autobahnen in Richtung Frankreich und den Osten bauen.

Immer öfter quält Dietrich Bonhoeffer die Frage: Wenn es zu einem Krieg kommt, muss er dann an der Waffe kämpfen? Andere Menschen töten? Als Soldat wäre dies seine Aufgabe. Als Soldat müsste er auch einen Eid auf Adolf Hitler ablegen. Beides kann er mit seinem Gewissen nicht vereinbaren.

Die Männer seines Jahrgangs werden systematisch eingezogen. Er selbst soll ab Juli 1939 als Soldat dienen. »Im Augenblick, so wie die Dinge liegen«, notiert er, »müsste ich meiner christlichen Überzeugung Gewalt antun, wenn ich jetzt und hier zu den Waffen griffe.« Und er überlegt, Deutschland eine Zeit lang zu verlassen.

Wohlmeinende Freunde organisieren für ihn eine Vortragsreise in die Vereinigten Staaten von Amerika. Dietrich spricht exzellent Englisch, war bereits als Austauschstudent in den USA. Er hat in London ausgewanderte Deutsche und Flüchtlinge betreut, kann predigen, Vorträge halten, lehren. »Er strebt nach Amerika, um unter den jetzigen Umständen einem Ruf zu den Fahnen zu entgehen«, notiert Reinhold Niebuhr, ein amerikanischer Theologe, der diese Rettung von Schottland aus vorantreibt. »Es wird einigermaßen schwierig werden, ihn [aus Deutschland] herauszubekommen, und wenn es misslingt, wird er im Gefängnis landen.«

»Ich kenne ihn gut und bin erpicht auf ihn«,[6] antwortet ein anderer Kollege, Henry Smith Leiper. Und: »[Bonhoeffers] Kenntnis des Englischen ist ausgezeichnet, und er versteht die Situation in amerikanischen Kirchen aus Fühlungsnahme erster Hand. Sein Können und seine Begabung für seelsorgerische Arbeit sind außergewöhnlich.«[7] Mit Freude tue er alles, was er könne, um zu helfen. Dann wird er ganz direkt: »[Kürzlich] bekam ich von Reinhold Niebuhr aus Edinburgh die Botschaft, Dietrich Bonhoeffer stünde auf der Liste der Konzentrationslager-Kandidaten, wenn wir ihn nicht aus Deutschland herausbekämen.«[8]

Innerhalb kürzester Zeit schaffen die amerikanischen Kollegen einen Ausweg für Dietrich. Er soll nach Amerika kommen – so bald wie möglich.

*

Dietrich Bonhoeffer sagt zu. Ihm fällt es nicht leicht, das, was er in Finkenwalde – und inzwischen auch an den neuen Standorten, Köslin, Groß-Schlönwitz und Sigurdshof – aufgebaut hat, hinter sich zu lassen. Dies wird deutlich, als er eine Anweisung für seinen Nachfolger notiert.

Dietrich Bonhoeffer schreibt am 28. Mai 1939

An meinen Nachfolger. Er findet vor:

1. Eine der schönsten Arbeiten in der Bekennenden Kirche
2. Zwei Mitarbeiter, die seit mehr als vier Jahren in der Arbeit stehen und die die volle Verantwortung für die Leitung der Häuser seit anderthalb Jahren getragen haben, denen er also die Leitung des gemeinsamen Lebens anvertrauen kann, wenn er nicht selbst da sein kann.
3. Eine angefangene Arbeit. Neues Testament: Begriff der *hamartia* [Sünde], folgen sollen soteriologische [auf die Lehre vom Heil bezogene] Begriffe. Dogmatik: *Formula Concordiae* bis *de libero arbitrio*. Es wird nötig sein, die dogmatische Arbeit fortzusetzen. Im Neuen Testament ist mehr Freiheit.

Predigtbesprechungen in Köslin, einige Vorlesungen über Homiletik in beiden Stellen. Es wird gebeten:

1. Außer Neues Testament und Dogmatik Besprechungen über Seelsorge, in Sigurdshof über Katechetik mit Katechesen, in Köslin Predigtbesprechungen zu halten.
2. Im Übrigen möglichst viel mit den Brüdern spazieren gehen oder sonst wie zusammen zu sein.

Mit aufrichtigem Dank und in treuem Gedenken
Dietrich Bonhoeffer[9]

Am 7. Juni 1939 reist der junge Pastor auf dem Dampfer »Bremen« via Southampton und Cherbourg in die Vereinigten Staaten von Amerika. »Bis jetzt wundere ich mich noch, dass alles so gekommen ist«, wird er seinem Freund Eberhard Bethge schreiben. In fast jedem Brief, auf jeder Postkarte findet sich ein Satz über die Brüder daheim.

Er denke sehr an sie alle.

Er freue sich schon auf Besuch.

Er sei in Gedanken ganz bei ihnen, den Eltern, Geschwistern und Freunden.

Es sei 10 Uhr abends und noch sehr hell; die Brüder würden nun sicher müde ins Bett fallen.

Um diese Zeit hielten die Brüder Abendandacht.

Die Mahlzeiten hätte er gerne mit den Brüdern geteilt, und auch die Annehmlichkeiten auf dem Schiff: »Im Übrigen konnte man schwimmen, Pingpong spielen etc. etc.; aber was ist das alles ohne euch?«

Er fährt in die Freiheit; zugleich denkt er an diejenigen, die er zurücklässt in Hitlerdeutschland.

Amerika nennt sich das Land der Freiheit. Es versteht heute darunter das Recht des Individuums auf unabhängiges Denken, Reden und Handeln. In diesem Rahmen ist die religiöse Freiheit für den Amerikaner ein selbstverständlicher Besitz. Die Predigt der Kirche, ihre Organisation, das Leben der Gemeinden kann sich in voller Unabhängigkeit und Ungestörtheit entfalten.

Auf den Kanzeln ist das Lob dieser Freiheit allerorts zu hören, verbunden mit der schärfsten Verurteilung jeder irgendwo bestehenden Beschränkung solcher Freiheit. Freiheit bedeutet hier also die Möglichkeit, und zwar die der Kirche von der Welt gebotene Möglichkeit, der unbehinderten Wirksamkeit.

Wird aber die Freiheit der Kirche wesentlich als diese Möglichkeit verstanden, dann ist der Begriff noch unerkannt.

Freiheit der Kirche ist nicht dort, wo sie Möglichkeiten hat, sondern allein dort, wo das Evangelium sich wirklich und in eigener Kraft Raum auf Erden schafft, auch und gerade wenn ihr keine solchen Möglichkeiten angeboten sind.

Die wesentliche Freiheit der Kirche ist nicht eine Gabe der Welt an die Kirche, sondern sie ist die Freiheit des Wortes Gottes selbst, sich Gehör zu verschaffen.

Freiheit der Kirche ist nicht die unbegrenzte Fülle der Möglichkeiten, sondern sie ist nur dort, wo ein »Muss«, eine Notwendigkeit gegebenenfalls gegen alle Möglichkeiten, sie erzwingt.

Das Lob der Freiheit als der der Kirche von der Welt gebotenen Möglichkeit der Existenz kann gerade aus einer mit dieser Welt eingegangen Bindung herkommen, in der die echte Freiheit des Wortes Gottes preisgegeben ist.[10]

*

Die amerikanischen Kollegen empfangen Dietrich Bonhoeffer herzlich. Wo möchte er wirken? Wie möchte er seine Kraft einsetzen? Sie bestürmen ihn mit den unterschiedlichsten Möglichkeiten.

Möchte Dietrich eine Vortragsreise machen?

Unterrichten bei Sommerkonferenzen, an Universitäten, in kirchlichen Ferienlagern?

Möchte er als Dozent an die Hochschule?

Oder will er in New York City als Pastor deutsche Flüchtlinge seelsorgerlich betreuen?

Alles ist durchgeplant. Einer schlägt eine Kombination von seelsorgerlichem Dienst, Predigen und Dozieren vor, »zunächst im theologischen Sommerkurs an der Columbia-Universität und am Union-Seminar und später am Seminar im regulären Trimester. Der Zeitraum des Dienstes steht jetzt noch nicht fest, wenn wir auch auf etwas Dauerhaftes hoffen und damit rechnen, dass Sie mindestens die nächsten zwei oder drei Jahre beschäftigt sind«.[11]

Von den unterschiedlichsten Colleges gehen Anfragen ein: einhundert Dollar per Predigt! Vier Predigten in der Fastenzeit! Ein Buchprojekt! Nur sechs Vorlesungen halten, ganz egal über welches Thema! Aber Dietrich ist trotz aller Chancen, die sich ihm bieten, und trotz aller lukrativen Angebote niedergeschlagen.

Ihn quält die Oberflächlichkeit mancher Predigten.

Ihm fehlt seine Muttersprache.

Ihm fehlt der Austausch, die tief gehenden Diskussionen mit den Brüdern daheim.

Die Konflikte der amerikanischen Christen beschäftigen ihn, aber er, Bonhoeffer, hat ganz andere Probleme! Was könne man alles, überlegt er, an Arbeit erledigen, während hier über Scheinprobleme diskutiert wird?

In Gedanken weilt er in Deutschland, bei den Brüdern.

*

Soll er tatsächlich hier – im Ausland, im Elfenbeinturm – die nächsten zwei bis drei Jahre verbringen? Was, wenn er überhaupt nicht mehr nach Deutschland zurückkehren darf?

Sollte nicht lieber ein »nichtarischer« Pfarrerkollege, der wegen der Judenverfolgung aus Deutschland fliehen muss, die ihm angebotene Stelle bekommen? Nimmt er so jemandem nicht den Platz weg?

Jeden Tag notiert Bonhoeffer seine Zweifel. Fast jeder Eintrag in sein Tagebuch endet mit einem Bibelvers, der ihn zur Heimreise aufzufordern scheint.

Tagebucheintrag von Dietrich Bonhoeffer vom 11. Juni 1939

Heute ist Sonntag. Kein Gottesdienst. Die Stunden haben sich auch schon so verschoben, dass ich an Eurem Gottesdienst [er meint Eberhard Bethge und die Kandidaten im Sammelvikariat Sigurdshof] nicht zugleich teilnehmen kann. Aber ich bin ganz bei Euch, heute mehr denn je. Wenn nur die Zweifel am eigenen Weg überwunden werden. [...]

Frühstück mit Leiper, der mich aufs Herzlichste begrüßt und mich abholt. Erste Besprechung über die Zukunft. Ich mache zum klaren Ausgangspunkt für alles, dass ich zurück will in spätestens einem Jahr. Überraschung. Aber mir ist es ganz deutlich, dass ich zurück muss. […]

Um vier Uhr Treffen mit President Coffin auf dem Grand Central [Bahnhof]. Ich fahre für ein paar Tage mit ihm in sein Landhaus. […] Das Landhaus in Lakeville/Connecticut liegt in den Bergen, es ist kühl und [dort gibt es eine] üppige Vegetation. Abends Tausende von *fireflies* im Garten, fliegende Leuchtkäfer. Ich hatte sie niemals gesehen. Ganz fantastischer Anblick. […] Sehr herzliche und informelle Aufnahme – bei allem fehlt nur Deutschland, die Brüder.

Die ersten einsamen Stunden sind schwer. Ich begreife nicht, warum ich hier bin, ob es sinnvoll war, ob das Ergebnis sich lohnen wird.

Abends das Letzte: die Losungen und der Gedanke an die heimatliche Arbeit. Es sind nun fast zwei Wochen, ohne dass ich etwas von drüben weiß. Das ist kaum zu ertragen. »Es ist ein köstlich Ding, geduldig sein und auf die Hilfe des Herrn hoffen.« (Klagelieder 3,26) [der für diesen Tag ausgewählte Bibeltext aus dem Losungsbuch der Herrnhuter]

14. Juni 1939

Frühstück auf der Veranda um acht Uhr. Es hat nachts gegossen. Alles ist frisch und kühl. Danach Andacht. Das kurze Gebet – die ganze Familie kniet nieder –, in dem wir an die deutschen Brüder dachten, hat mich fast überwältigt. Dann Lesen, Schreiben, Ausfahrt, um Einladungen für den Abend auszutragen. Abends etwa 25 Leute, Pfarrer, Lehrer mit Frauen und Freunden. Sehr freundliche Begegnungen ohne besonderen Ertrag.

15. Juni 1939

Seit gestern Abend kommen meine Gedanken von Deutschland nicht los. Ich hätte nicht für möglich gehalten, dass man in meinem Alter nach so vielen Jahren im Ausland so qualvolles Heimweh kriegen kann. Fast unerträglich wurde mir ein an sich wunderschöner Autoausflug am Morgen [...]. Man saß eine Stunde und schwatzte, gar nicht einmal das Dümmste, aber über Dinge, die mir so vollständig gleichgültig waren, ob in New York gute Musikausbildung möglich ist, über Kindererziehung etc. etc., und ich dachte, wie nützlich könnte ich diese Stunden in Deutschland verwenden. Am liebsten hätte ich das nächste Schiff genommen. Diese Untätigkeit bzw. Tätigkeit an gleichgültiger Stelle ist uns wohl einfach nicht mehr erträglich im Gedanken an die Brüder und die kostbare Zeit. Die ganze Wucht der Selbstvorwürfe wegen einer Fehlentscheidung kommt wieder auf und erdrückt einen fast. Ich war sehr verzweifelt. [...]

16. Juni 1939

[…] dann sage ich mir wieder: Es ist Feigheit und Schwäche, jetzt hier wegzulaufen. Aber werde ich hier jemals wirklich sinnvolle Arbeit tun können?

[…] Beunruhigende politische Nachrichten aus Japan. Wenn es jetzt unruhig wird, fahre ich bestimmt nach Deutschland. Ich kann nicht allein draußen sein. Das ist mir ganz klar. Ich lebe ja doch drüben.

18. Juni 1939 – Sonntag

Gottesdienst in Riverside Church. Einfach unerträglich. […]

20. Juni 1939

Besuch bei Leiper. Damit ist wohl die Entscheidung gefallen. Ich habe abgelehnt. Man war sichtlich enttäuscht und wohl etwas verstimmt. Für mich bedeutet es wohl mehr, als ich im Augenblick zu übersehen vermag. […] Die Losung spricht heute furchtbar hart von Gottes unbestechlichem Gericht. Er sieht gewiss, wie viel Persönliches, wie viel Angst in der heutigen Entscheidung steckt, so mutig wie sie aussehen mag.

21. Juni 1939

[…] Ist es nicht unverantwortlich im Blick auf so viele andere Menschen, einfach Nein zu sagen zu seiner eigenen Zukunft und der vieler anderer? Werde ich es bereuen? Ich darf es nicht, das ist sicher. […]

22. Juni 1939

Es ist doch für einen Deutschen hier drüben nicht auszuhalten; man wird einfach zerrissen. Während einer Katastrophe hier zu sein, ist einfach undenkbar, wenn es nicht so gefügt wird. Aber selbst daran schuld zu sein, sich selbst Vorwürfe machen zu müssen, unnötig herausgegangen zu sein, ist gewiss vernichtend. Wir können uns von unserem Schicksal doch nicht trennen.

24. Juni 1939

[…] Die Zeitungen sind heute wieder grässlich.

Losungen: »Wer glaubt, der flieht nicht.« (Jesaja 28,16)

Ich denke an die Arbeit zu Haus.

Morgen ist Sonntag. Ob ich morgen eine Predigt höre?

26. Juni 1939

Heute las ich zufällig aus 2. Timotheus 4,21: »Komme noch vor dem Winter« – die Bitte des Paulus an Timotheus. Timotheus soll das Leiden des Apostels teilen und sich nicht schämen.

»Komme noch vor dem Winter« – es könnte sonst zu spät sein. Das geht mir den ganzen Tag nach. Es geht uns wohl so wie den Soldaten, die vom Feld in den Urlaub kommen und trotz allem, was sie erwarteten, wieder ins Feld zurückdrängen. Wir kommen nicht mehr davon los. Nicht als wären wir nötig, als würden wir gebraucht (von Gott!?), sondern einfach, weil dort unser Leben ist und weil wir unser Leben zurücklassen, vernichten, wenn wir nicht wieder dabei sind. Es ist gar nichts Frommes, sondern etwas fast Vitales. Aber Gott handelt nicht nur durch fromme, sondern auch durch solche vitalen Regungen. »Komme noch vor dem Winter« – es ist nicht Missbrauch der Schrift, wenn ich das *mir* gesagt sein lasse.

28. Juni 1939

Ich kann mir nicht denken, dass es Gottes Wille ist, dass ich ohne besondere Aufgabe im Kriegsfall hier bleiben soll. Ich muss am erstmöglichen Termin reisen.[12]

Es war ein Fehler, nach Amerika zu kommen – so sieht es Dietrich Bonhoeffer jetzt. Er muss zurück. Bei Paul Lehmann, der alles organisiert hat, bittet Dietrich um Verständnis für seine überstürzte Rückreise: *»Die politische Lage [in Deutschland] ist so furchtbar. Aber natürlich hätte ich gern ein Wort von Ihnen, ehe ich abreise. Ich genieße hier ein paar Wochen in Freiheit, aber andererseits habe ich das Gefühl, ich muss zurück in die ›Schützengräben‹ (ich meine die des Kirchenkampfes).«*

Brief von Dietrich Bonhoeffer an Reinhold Niebuhr von Ende Juni 1939

Hier in Dr. Coffins Garten sitzend habe ich die Zeit gehabt, über meine Lage und die Lage meiner Nation nachzudenken im Gebet und Gottes Willen für mich zu klären. Ich bin jetzt überzeugt, dass mein Kommen nach Amerika ein Fehler war.

Diese schwierige Epoche unserer nationalen Geschichte muss ich bei den Christenmenschen Deutschlands durchleben.

Ich habe kein Recht, an der Wiederherstellung des christlichen Lebens in Deutschland nach dem Kriege mitzuwirken, wenn ich nicht die Prüfungen dieser Zeit mit meinem Volk teile. Meine Brüder in der Bekenntnissynode wünschten, dass ich ging. Vielleicht hatten sie recht, mich dazu zu drängen; aber von mir war es falsch zu gehen. Eine derartige Entscheidung muss jeder Mensch für sich selbst treffen. Die Christen in Deutschland werden vor der furchtbaren Alternative stehen, entweder die Niederlage ihrer Nation zu wollen, damit die christliche Zivilisation überlebe, oder den Sieg ihrer Nation zu wollen und damit unsere Zivilisation zu zerstören. Ich weiß, welches von beidem ich wählen muss; aber ich kann diese Wahl nicht treffen, [während ich] in Sicherheit [bin].[13]

*

In einem Brief an Henry Smith Leiper, der ihm ebenfalls viele Türen geöffnet hat, versucht er seinen Entschluss zu erklären. Bonhoeffer schreibt:

»Bevor ich Deutschland verließ, hatte ich lange Gespräche mit meinen Brüdern vom Bruderrat [...]. Zunächst waren sie sehr abgeneigt, mich überhaupt gehen zu lassen, da sie dringend Lehrer brauchen.«

Und: »Das Einzige, was mich im jetzigen Augenblick der Entscheidung zögern lässt, ist die Frage der Treue zu meinen Leuten daheim. [...] Aber natürlich darf ich um der Treue zur Bekennenden Kirche willen keine Stellung annehmen, die grundsätzlich meine Rückkehr nach Deutschland unmöglich machen würde. [...] Ich weiß, mit alldem bereite ich Ihnen eine Menge Mühe. Aber Sie kennen uns Deutsche und wissen, dass wir zuweilen ein bisschen kompliziert sind, und mehr noch, Sie wissen um die Bekennende Kirche und ihre Bedrängnisse.«[14]

*

In Deutschland brauchen sie dringend Lehrer. So begründet Bonhoeffer seine Entscheidung. Doch auch ein anderes Argument wiegt schwer: Er, Bonhoeffer, habe kein Recht, nach dem Krieg – er denkt bereits weit voraus – an der Wiederherstellung des christlichen Lebens mitzuwirken, »wenn ich jetzt nicht die Prüfungen dieser Zeit mit meinem Volk teile«.

Sein amerikanischer Kollege, der ihn bis zuletzt zum Bleiben überreden will, zeigt sich beeindruckt. Später notiert Paul Lehmann: »Er erwartet, ohne jeden Zweifel, Krieg im September und hat also nun einen Monat Zeit, die nötigen Kontakte herzustellen, die für das Fortbestehen der Bekennenden Kirche lebensnotwendig sind. Unterdessen war Bonhoeffer auch zu der festen Überzeugung gekommen, dass wer in einem neuen Deutschland etwas zu sagen haben will, diesen schweren Kampf auch in Deutschland mit durchleben muss. Es war unvorstellbar für ihn, dass er seinen Freunden und seiner Aufgabe dort entflieht, nur um sein eigenes Leben zu retten. Der außerordentliche Eindruck, den man im Zusammensein mit ihm und beim Hören von seiner Arbeit dort gewinnt, ist der, dass in einer völlig zerbrochenen Welt die christliche Botschaft die einzige Kraft zum Leben ist. Hier sind ein Mann und eine Gruppe, die sich in ihrem Leben so vollständig an Christus gebunden haben, dass es ihnen zur absoluten Bedingung geworden ist, dass sie vielleicht auch für Ihn sterben müssten. Und sie sind bereit [...] Die deutsche Bekennende Kirche durchlebt die Apostelgeschichte neu. Darin liegt ihre Kraft; darin liegt die Hoffnung für eine allein mögliche deutsche Zukunft.«[15]

Tagebucheintrag von Dietrich Bonhoeffer vom 7. Juli 1939

Letzter Tag. Paul [Lehmann] versucht mich noch festzuhalten. Es geht nicht mehr […] Die Reise ist zu Ende. Ich bin froh, dass ich drüben war, und froh, dass ich wieder auf dem Heimweg bin. Ich habe vielleicht mehr gelernt in diesem Monat als in dem ganzen Jahr vor neun Jahren [dem Auslandsaufenthalt in den USA]; mindestens habe ich für alle künftigen persönlichen Entscheidungen Wichtiges eingesehen. Wahrscheinlich wird sich diese Reise sehr bei mir auswirken.[16]

*

Die amerikanischen Kollegen sind enttäuscht. Den fast 40 Hochschulen, die Dietrichs Vorträge bereits fest eingeplant hatten, müssen sie nun absagen. Für die Pastorenstelle, die sie Bonhoeffer angeboten haben, einen Ersatzmann finden. Bis zuletzt versuchen sie, den deutschen Kollegen zu überzeugen: Bleib hier! In Freiheit! Fahr nicht zurück in den Krieg, in die Gefahr! Doch Dietrich ist fest entschlossen. Am 8. Juli 1939 besteigt er den Dampfer, der ihn wieder nach Europa bringt. Er, der sich bereits in den Vereinigten Staaten in Sicherheit befand, reist von New York aus zurück in seine Heimat: ins Deutsche Reich, das in einen Weltkrieg hineintaumelt.

*

Über seine Familie in Berlin hat Bonhoeffer erfahren, dass ein militärischer Angriff gegen Polen bevorsteht. Vorzeitig beendet er den Sommerkurs, der noch läuft, denn Köslin und Sigurdshof befinden sich nahe der Front. So schnell wie möglich sollen die Kandidaten nach Hause fahren! Auch Dietrich fährt zu seiner Familie nach Berlin. Dieser drohende Krieg – das hat Bonhoeffer in diesem Sommer einem ausländischen Kollegen erklärt – stürze alle deutschen Christen in eine tiefe Gewissensnot. Wenn Hitlerdeutschland diesen Krieg gewinnt, dann habe dies die schlimmsten Konsequenzen für die Kirche. Nicht nur für die Kirche im eigenen Land, sondern auch in anderen Ländern! Doch wenn sie diesen Krieg verlieren, dann bedeute dies wohl das Ende Deutschlands als Nation. Beides sei schlimm für die deutschen Christen.

Mitschrift eines Bruders (gekürzt) von Dietrich Bonhoeffers Vorlesung über die Geduld

ὑπο-μένειν

ὑπο – darunter bleiben, sich beugen, als unter einem Segen Gottes

Worunter? Unter allem, was Gott auflegt.

μένειν – bleiben

Nicht weichen, nachgeben, zusammenbrechen.

Sondern stehen, gehen, »laufen«.

Wie lange bleiben? Bis zum Ende. [...]

Geduld schafft das gute Werk.

Geduld im Kampf.

Geduld im Leiden.[17]

September 1939. Die deutschen Truppen marschieren in Polen ein. Knapp drei Wochen brauchen sie, um die polnische Armee zu besiegen. Deutsche Einsatztruppen töten Adelige, Geistliche, die intelligente Schicht Polens – insgesamt 60 000 Menschen. Etwa 1,5 Millionen werden aus ihrer Heimat vertrieben, damit dort Deutsche angesiedelt werden können. Und etwa 670 000 Polen werden als billige Arbeitskräfte ins Deutsche Reich verschleppt. Die jüdische Bevölkerung Polens wird in Ghettos zusammengepfercht; später wird man sie in Vernichtungslager abtransportieren. Eine deutsche Militärverwaltung regiert das eroberte Gebiet mit grausamer Hand.

Auch einige der jungen Männer, die Bonhoeffer ausgebildet hat, sind in diesen Tagen zum Militär einberufen worden. Manche müssen als Soldaten nach Polen. Dann stirbt der erste Bruder.

Brief von Dietrich Bonhoeffer an die Finkenwalder Brüder vom 20. September 1939

Liebe Brüder,

als Antwort auf eine Feldpostkarte bekam ich die Nachricht, die ich Euch heute weitergeben muss, dass unser lieber Bruder Theodor Maass am 3. September in Polen gefallen ist. Es wird Euch wie mir diese Nachricht unfasslich sein.

Aber ich bitte Euch, lasst uns Gott danken in der Erinnerung an ihn. Wir hatten in ihm einen guten Bruder, einen stillen, treuen Pastor der Bekennenden Kirche, der selbst vom Wort und Sakrament lebte, den Gott auch gewürdigt hat, für das Evangelium leidend einzustehen.

Ich bin gewiss, er war bereit zu gehen.

Wo Gott Lücken reißt, da sollen wir sie nicht mit Menschenworten zu füllen versuchen. Sie sollen offen bleiben.

Unser einziger Trost ist der Gott der Auferstehung, der Vater unseres Herrn Jesu Christi, der auch sein Gott war und ist. Bei ihm wissen wir unseren Bruder, und in ihm ist die bleibende Gemeinschaft derer, die vollendet haben und die noch ihrer Stunde entgegengehen. Gott sei gelobt über unserm gefallenen Bruder und sei uns allen barmherzig an unserm Ende. Die Eltern von Bruder Maass wohnen in Stralsund, Pastor Maass, Ketelhotstraße 8.

Von folgenden Brüdern weiß ich, dass sie jetzt bei den Soldaten sind: [es folgt eine Liste von 20 Namen mit ihren Feldpostnummern und Adressen] Andere stehen vor einer baldigen Einziehung. Ich bitte Euch herzlich, mir mitzuteilen, sobald einer eingezogen wird oder wenn einer auf der Liste fehlt, von dem ich nicht weiß.

Lasst mich bitte jede Feldpostnummer, die Ihr erfahrt, wissen. Nehmt Euch jetzt auch die Zeit, so oft wie möglich an die Brüder draußen zu schreiben. Vor allem wollen wir nicht den größten Dienst versäumen, der uns bleibt, den Dienst der täglich treuen Fürbitte. Wir haben so vieles für unsere Brüder bei den Soldaten zu erbitten, zuerst und zuletzt immer wieder dies, dass sie sich zu allen Zeiten als Christen erweisen können, dass sie vielen ihrer Kameraden einen wirklichen Dienst tun können und dass Jesus Christus ihr einziger Trost im Leben und Sterben sei.

Es mag über die meisten von uns in den letzten Wochen eine innere Unruhe gekommen sein.

Wir wissen unsere Brüder draußen in allerlei Kämpfen und Gefahr, wir hören vom Tode eines Bruders und es legt sich auf uns wie ein Zwang: Ich muss auch dort sein, wo meine Brüder sind, ich will jetzt nichts anderes und nichts Besseres haben als sie. Das drückt uns oft ganz nieder, und dann scheint uns alles, was wir tun, so überflüssig, ja es wollen uns sogar manchmal die Lebensfragen unserer Kirche, für die wir bisher gekämpft haben, nebensächlich erscheinen angesichts der Ereignisse in der großen Welt. Wir meinen, es müsste nun auf einmal alles ganz anders werden, wir müssten alles Vergangene hinter uns lassen und wieder ganz neu anfangen. Wer wollte das nicht verstehen? Und doch, liebe Brüder, die Ihr noch nicht eingezogen seid, es kommt nun alles darauf an, dass wir die Gnade, die Gott uns bisher geschenkt hat, nicht in den Wind schlagen, dass wir unser Amt jetzt nicht verachten, sondern es gerade in diesen Tagen hoch ehren und lieben lernen. Wir sind berufene Prediger des Evangeliums und Hirten der Gemeinde, und solange wir es sind, wird Gott uns nur nach einem fragen, ob der treue Dienst an seiner Gemeinde durch die Schuld auch nur einen Augenblick Schaden gelitten hat, ob wir seine Gemeinde und die Brüder, die er uns gegeben hat, auch nur einen Augenblick gering geachtet haben. Noch dürfen wir predigen, und so wollen wir auch wie bisher mit gutem, freiem Gewissen predigen und treue Pastoren sein, die ihre Kirche auch in Notzeiten nicht verleugnen.

Wir wissen, dass Gott diesen Dienst heute von uns verlangt und dass wir den Menschen so den größten Dienst tun, der ihm getan werden kann. Wir fragen nicht, wonach unser Sinn vielleicht heute oder morgen steht, sondern nach unserm Auftrag. Lasst uns darum nicht hadern und uns versündigen, sondern froh daran werden und dienen. […]

Ich denke an Euch und Eure Arbeit in der Fürbitte. Gott behüte und segne Euch, Eure Häuser und Eure Gemeinden. Er schenke uns allen sein Frieden.

Es grüßt Euch Euer getreuer
Dietrich Bonhoeffer[18]

*

Noch dürfen sie frei predigen. Noch dürfen sie schreiben. Bonhoeffer schreibt auch den Eltern, Verlobten, Bräuten und Verwandten derjenigen Brüder, die nun als Soldaten eingezogen sind.

Pastor Dietrich Bonhoeffer
Zurzeit Berlin-Charlottenburg 9
Marienburger Allee 43

den 8. Oktober 1939

Verehrte, liebe Freunde!
Darf ich mich heute an Sie als die Eltern, Geschwister und Frauen unserer Brüder, die jetzt im Felde stehen, wenden? Als ehemaliger Lehrer Ihres Sohnes, Ihres Mannes empfinde ich es ihm gegenüber als brüderliche Pflicht, dass ich nicht nur ihm, sondern auch Ihnen als seinen nächsten Angehörigen in diesen Wochen ein Wort schreibe.

Ich möchte es zugleich im Sinne all derer tun, die sich von der gemeinsamen Arbeit her stets mit ihm brüderlich verbunden wissen. Wenn wir uns auch kaum kennen, so verbindet uns doch das tägliche Gedenken an den, für den wir jetzt so wenig tun können und den wir ganz der Gnade Gottes befehlen müssen.

Es ist für uns, die wir noch in unserem kirchlichen Dienst in der Heimat stehen, oft ein schwerer Gedanke, unsere Brüder draußen zu wissen und nicht mit ihnen alles teilen zu können, was sie dort durchzumachen haben.

Wenn wir dann aber durch Briefe von ihnen hören, dass sie froh sind im Gedenken an jeden, der in dieser Zeit noch in der Gemeinde den dringend notwendigen Dienst versehen darf, dann tun wir diesen Dienst wieder mit größerer Freude und größerem Ernst.

Es ist ja dasselbe Amt, in das unsere Brüder von draußen bald zurückzukehren hoffen und durch das wir mit ihnen verbunden sind.

Wenn wir das Leben mit den jungen Pastoren, die jetzt im Feld stehen, überdenken, so bewegt es uns zu sehen, wie sehr ihr Leben bisher ein Kampf gewesen ist.

Es ist kein leichtes Leben, aber es ist ein Leben, von dem ihnen und uns bewusst ist, dass es wert ist, gelebt zu werden. Wir dürfen diese junge[n]

Pastoren nicht bemitleiden, aber wir sollen mit ihnen, wo wir immer können, tragen, kämpfen und leiden. Nirgends wird der Friede, den sie in Jesus Christus für ihr ganzes Leben gefunden haben, wunderbarer und sichtbarer als mitten im Kampf. Wer aber diesen Frieden gefunden hat, der ist glücklich zu preisen, was ihm auch widerfährt.

Ich habe in den vergangenen Wochen viele Feldpostbriefe bekommen. In keinem einzigen steht ein Wort der Klage über das persönliche Ergehen. Aber gemeinsam ist ihnen allen zweierlei: die Hoffnung, sich auch im Krieg als Christen erweisen zu können und damit den Kameraden einen Dienst zu tun, und das Verlangen nach dem Predigtamt in der heimatlichen Gemeinde. Immer wieder bitten und ermahnen uns unsere Brüder im Felde auch, das für sie zu tun, wozu ihnen oft Zeit und Ruhe fehlt, nämlich zu beten für sie und ihren Glauben, für ihre Familien, Eltern, Frauen, Kinder, und für ihre Gemeinden. Wir wollen diese Bitte nicht ungehört lassen. Um

Ihren Sohn, Ihren Mann, Ihren Bruder steht in diesen Monaten ein großer Kreis von Christen, Amtsbrüdern und Gemeindemitgliedern in treuer Fürbitte.

Wir haben es oftmals gehört, wie ihnen draußen diese Fürbitte eine Hilfe in schweren Stunden geworden ist. Es ist Gott selbst, der die Gebete der Gemeinde zu einer Kraft für unsere Brüder werden lässt.

Davon wissen alle diejenigen, die durch Fürbitte miteinander verbunden sind. Wir wollen aber in unsere Fürbitte auch die anderen, Unbekannten mit einschließen, die mit den Unsern jetzt zusammen sind und vielleicht keinen Menschen haben, der ihnen diesen Dienst tut. Wer von uns weiß, wie oft er in seinem Leben durch das Gebet eines Unbekannten bewahrt wurde!

Aber nicht nur wir, sondern die ganze Kirche Jesu Christi steht betend hinter unseren Brüdern als ihren treuen Dienern, für die sie Gott dankt und deren Dienst sie von Gott auch für die Zukunft erbittet. Das darf uns ein großer Trost sein.

Das Wichtigste aber ist uns wohl dies: Wir dürfen wissen, dass unsere Brüder durch Gottes Wort vorbereitet hinausgegangen sind. Sie sehen als bewusste Christen der Zukunft ins Auge und wissen, dass denen, die Gott lieben, alle Dinge zum Besten dienen müssen (Römer 8,28). So wollen wir sie nicht mit unseren Sorgen belasten und ihnen die Bewährung ihres Glaubens nicht noch schwerer machen. Wir wollen vielmehr von ihnen lernen, alle Sorgen dem anzuvertrauen, der allein sorgen kann.

Darf ich Sie zum Schluss bitten, mir zu schreiben, wenn es irgendetwas gibt, was ich für Ihren Sohn, Ihren Mann tun kann; und ich glaube, es ist im Sinne unserer Brüder, wenn ich Sie bitte, es mich wissen zu lassen, wenn ich Ihnen in dieser Zeit irgendeinen Dienst erweisen kann.

Gott schenke uns allen Seinen Frieden.

Es grüßt Sie Ihr ergebener
Dietrich Bonhoeffer[19]

»Es ist für uns, die wir noch in unserem kirchlichen Dienst in der Heimat stehen, oft ein schwerer Gedanke, unsere Brüder draußen zu wissen und nicht mit ihnen alles teilen zu können, was sie dort durchzumachen haben«, hat er geschrieben. Andere, Jüngere müssen in den Krieg. Er, der Anfang Dreißigjährige, ist durch einflussreiche Verwandte in Berlin vorerst davor bewahrt. »Uk-gestellt«, unabkömmlich in der Heimat, heißt diese seltene Ausnahme im Behördendeutsch, die die Einberufung zum Militär für ein Jahr verschiebt oder diesen Mann sogar davon freistellt. Einstweilen ist Bonhoeffer davor bewahrt, als Soldat andere töten zu müssen – noch.

Aus den USA ist Dietrich Bonhoeffer nach Deutschland zurückgekehrt, weil sie in Deutschland Lehrer brauchen. Aber die Menschen, die er unterrichtet hat und unterrichten möchte, sind durch den Krieg in alle Richtungen verstreut. Klein geworden ist der Kreis der Brüder, die die illegale Theologenausbildung der Bekennenden Kirche absolvieren oder als junge Pfarrer Gottes Wort in den Gemeinden verkündigen. Die Gemeinschaft von Pastoren in Ausbildung und im Beruf, die sich regelmäßig auf Freizeiten austauschen wollten, kann nicht mehr zusammentreffen. Und ihr Kreis wird wöchentlich kleiner: Mehr und mehr junge Pastoren, die bei Bonhoeffer ausgebildet worden sind, müssen zum Militär.

Dietrich schreibt ihnen regelmäßig lange Briefe. So versucht er, die Brüder in dieser schwierigen Zeit zu stärken. Eindringlich erinnert er seine Schüler daran, was sie im Predigerseminar gelernt haben. Was ihre gemeinsame Zeit geprägt hat. Bibelarbeit, Singen, regelmäßiges Meditieren. Stille. Beten.

Immer wieder weist er hin auf die Gnade, auf die Vergebung der Sünden, auf Freude und Hoffnung – um Mut zu machen.

Aber auch das, »was er nicht schreibt und nicht anspricht«, sei für sie damals wichtig gewesen, erinnert sich Otto Berendts, einer der Pastoren aus ihrem Kreis. »Die tiefe Problematik dieses Kriegsdienstes unter Hitler als dem Obersten Befehlshaber, die

Frage von Kriegsdienst und Kriegsdienstverweigerung. Aber er überfällt seine Adressaten auch nicht mit der glatten Kurzschlussparole: ›Soldaten sind Mörder.‹ Sie waren seine Brüder.

Andererseits auch kein Wort etwa über das Soldatsein als ›Dienst für Führer, Volk und Vaterland‹. Alle öffentlichen Sprachregelungen und parteiamtlichen Floskeln, wie sie die Ortsgruppenleiter in Stadt und Land den Hinterbliebenen ins Haus brachten, ›gefallen auf dem Felde der Ehre‹ usw., lässt Bonhoeffer weg.«[20]

Wie mag sich Bonhoeffer gefühlt haben, als die nur wenig jüngeren Schüler und Freunde nach und nach ihre Einberufungsbescheide erhalten? An die Front müssen?

*

Der Polenfeldzug ist beendet. In den letzten Oktobertagen 1939 beginnen sie mit dem nächsten Kurs, der auf die theologische Prüfung vorbereitet – mit nur acht Kandidaten. Nun unterrichten Bonhoeffer und sein kleines Team auf einem abgelegenen Gehöft, das nicht einmal an das elektrische Stromnetz angeschlossen ist, in Sigurdshof. Einmal sind sie völlig eingeschneit: Selbst das Postauto kommt nicht durch. Sie haben kaum noch Kohlen zum Heizen des Ofens. Dann geht das Petroleum aus. Nur noch wenige Kerzen spenden Licht. »Frieren und Dunkelheit« sei ihr Motto, notiert Eberhard Bethge. Abends versammeln sich alle in einem einzigen Raum. Zum Lernen ist es zu laut, daher spielen sie, oder einer liest den anderen vor. In eine selbst gewählte Klausur haben sie sich begeben – von den Nationalsozialisten sind sie immer weiter in die Isolation getrieben worden. Unruhe bestimmt diese ersten Kriegsmonate. So vergeht der Winter, und der Frühling kommt.

Am 15. März 1940 endet der Winterkurs in Sigurdshof. Bonhoeffer reist zurück nach Berlin. Drei Tage später fährt plötzlich der schwarze Mercedes der Geheimen Staatspolizei in Sigurdshof vor. Beamte versiegeln das Gebäude, in dem sie die Kurse durchgeführt haben. Niemand darf mehr hinein!

Ein zweites Mal beendet die Gestapo, was sie aufgebaut haben.

Die illegale Ausbildungsstätte für junge Theologen ist für immer geschlossen.

Aus dem Aufsatz von Dietrich Bonhoeffer: »Nachfolge«

Luthers Weg aus dem Kloster zurück in die Welt bedeutete den schärfsten Angriff, der seit dem Urchristentum auf die Welt geführt worden war.

Die Absage, die der Mönch der Welt gegeben hatte, war ein Kinderspiel gegenüber der Absage, die die Welt durch den in sie Zurückgekehrten erfuhr. Nun kam der Angriff frontal.

Nachfolge Jesu musste nun mitten in der Welt gelebt werden.

Was unter den besonderen Umständen und Erleichterungen des klösterlichen Lebens als Sonderleistung geübt wurde, war nun das Notwendige und Gebotene für jeden Christen in der Welt geworden.

Der vollkommene Gehorsam gegen das Gebot Jesu musste im täglichen Berufsleben geleistet werden.

Damit vertiefte sich der Konflikt zwischen dem Leben des Christen und dem Leben der Welt in unabsehbarer Weise.

Der Christ war der Welt auf den Leib gerückt.

Es war Nahkampf.[21]

Der theologische Lehrer muss den Eindruck gewonnen haben, dass die Ausbildung neuer Theologen momentan zu nichts führt. Auch Dietrichs Ökumene-Arbeit ruht zwangsweise, da die Nationalsozialisten Reisen ins Ausland unterbinden.

Und die Bekennende Kirche, zerfallen in unterschiedliche Lager, ist faktisch schachmatt. Sie haben es verpasst – so empfindet es Bonhoeffer – zum rechten Zeitpunkt einen Gegenpol zur nationalsozialistischen Regierung zu bilden. Damit haben sie Schuld auf sich geladen. Wieso haben die Verantwortlichen der Bekennenden Kirche nicht deutlicher Stellung bezogen gegen Hitler und seine Politik? Wie sehr hat Dietrich auf eine klare Äußerung gewartet! Zur Einrichtung einer NS-nahen Reichskirche, zur Verfolgung »nichtarischer« Pfarrer. Zu den Redeverboten. Berufsverboten. Durchsuchungen, Repressalien, Verhaftungen. Den Misshandlungen durch Gestapo und SS. Dem Zwangseid auf den Führer. Der Judenverfolgung. Und nun dem Krieg.

Sie brauchen Lehrer im Deutschen Reich, das hatte Dietrich bewogen, aus Amerika nach Hause zurückzukehren. Nun ist sein Lebensauftrag als theologischer Lehrer hinfällig geworden. Aber was ist auch der Sinn dabei, junge Pfarrer auszubilden, wenn sie anschließend an der Front verheizt werden?

In jedem Rundbrief an die Brüder muss er den Tod eines oder mehrerer junger Männer verkünden.

Krieg. Die totale Fremdbestimmung aller, so hat es der junge Pastor Otto Berendts genannt. In den folgenden Jahren erfährt Bonhoeffer auf schmerzhafte Weise, was dies bedeutet. Während die deutschen Armeen Polen, Belgien und Frankreich überrennen, Dänemark und Norwegen besetzen, die Sowjetunion angreifen und die Luftschlacht von England vorbereiten, werden Theologen im Deutschen Reich immer stärker verfolgt. Es ist ein Angriff auf das Leben der christlichen Gemeinschaft. Das Ende der persönlichen Freiheit.

Ab September 1940 darf Bonhoeffer im gesamten Deutschen Reich nicht mehr vortragen oder predigen. »Jedes Auftreten ist zu verhindern«, haben Beamte der Geheimen Staatspolizei befohlen. »Volkszersetzende Tätigkeit«, das werfen sie ihm vor. Einmal löst die Gestapo eine kirchliche Freizeit auf, bei der er als Redner vorgesehen ist. Ein anderes Mal muss Dietrich eine Reise nach Ostpreußen abbrechen. Von nun an soll er sich regelmäßig bei der Polizei melden; dies macht weitere Fahrten fast unmöglich. Und immer wieder droht die Einberufung als Soldat – muss er doch noch an die Front?

Zum Glück kann Dietrich manche polizeilichen Einschränkungen seiner Freiheit abwiegeln oder abmildern. Einflussreiche Berliner Freunde und Verwandte schützen ihn.

Er ist ein Prediger, der in Deutschland nicht mehr predigen darf. Ein Schriftsteller, der nichts mehr veröffentlichen darf. Ein Lehrer, der nicht mehr unterrichten darf.

Kirchliche Arbeit ist kaum mehr möglich; also stellt die Bekennende Kirche Bonhoeffer vorläufig frei. Er soll die Zeit nutzen und sein neues theologisches Buch verfassen, die *Ethik*.

Dann geschieht das Bizarre: Kurze Zeit später beginnt Dietrich Bonhoeffer, für das Amt »Ausland/Abwehr« des Oberkommandos der Deutschen Wehrmacht zu arbeiten. Mit Kurierpässen reist er durch ganz Europa.

Wie kommt es dazu? Auf welcher Seite steht der Pfarrer der Bekennenden Kirche eigentlich, fragen sich manche Außenstehende. Ist es ein kluger Schachzug, um sich dem drohenden Zugriff durch die Behörden zu entziehen? Oder hat der Mann seine Gesinnung komplett geändert?

Es bleibt zunächst ein Rätsel. Eines steht fest: Durch seine neue Aufgabe erlangt Dietrich Bonhoeffer eine sogenannte Unabkömmlichstellung und kann sich der Musterung für das Heer entziehen. Und er entgeht dem Zugriff der Gestapo in Pommern und Berlin, indem er der Münchner Dienststelle der Abwehr zugeteilt wird.

Abwehr. Eine Abteilung dieses Amtes ist für die Spionage gegen die Hauptkriegsgegner verantwortlich, wie Frankreich, Großbritannien, die USA, die Sowjetunion und andere. Eine weitere Abteilung ist mit »Sabotage und Zersetzung« beauftragt; wieder andere sichern den Schutz der Truppen und die Bekämpfung von Landesverrat während des Krieges. Doch innerhalb dieses militärischen Geheimdienstapparats regt sich Widerstand gegen Hitler und sein Regime. Mehrere Mitarbeiter um den Leiter Admiral Wilhelm Canaris planen Umsturzversuche: Sie wollen Hitler beseitigen.

Manche Mitglieder der Bonhoeffer-Familie engagieren sich bereits im Widerstand. Darunter auch Dietrichs Bruder Klaus, seine Schwester Christine und seine zwei Schwager Hans von Dohnanyi und Rüdiger Schleicher. Seit wann weiß Dietrich, was sie im Geheimen planen? Sprechen sie mit ihm darüber? Ab wann ist er bereit, mitzuarbeiten gegen Hitler? Kein Brief, keine Notiz verrät es.

Er, der den Dienst an der Waffe stets ablehnte, sucht nun den Kontakt zum militärischen Widerstand. Für sie arbeitet er als Verbindungsmann ins Ausland. Sie müssen – davon ist Bonhoeffer überzeugt – den Krieg beenden. Die Nationalsozialisten stürzen. Erst dann können sie in Deutschland den Staat neu aufbauen – und die Kirche. Pläne für den Wiederaufbau der Kirche hat Dietrich bereits in der Schublade. Eine Abkündigung, die Pfarrer überall im Deutschen Reich – falls Deutschland kapituliert! – verlesen könnten, hat er schon fertig.

Adolf Hitler und seine Minister werden bald beseitigt sein; damit rechnet Dietrich fest.

Erneut geschützt durch seine Familie und einflussreiche Freunde in Berlin wird er aktiv. Als Vertrauensmann gelingt es ihm, Verbindungen zwischen den westlichen Regierungen und dem deutschen Widerstand zu knüpfen. Wieder in Freiheit leben zu können, das ist sein Ziel.

*

etc., ist erst in diesem übergeordneten Zusammenhang zu beantworten.

Es kommt darauf an, wie weit diese Freiheiten notwendig und geeignet sind, die Freiheit des Lebens nach den Geboten Gottes zu fördern und sicherzustellen. Freiheit ist eben nicht in erster Linie ein individuelles Recht, sondern eine Verantwortung, Freiheit ist nicht in erster Linie ausgerichtet am Individuum, sondern am Nächsten.[22]

*

Viel später wird Dietrich notieren:

Nicht das Beliebige, sondern das Rechte tun und wagen, nicht im Möglichen schweben, das Wirkliche tapfer ergreifen, nicht in der Flucht der Gedanken, allein in der Tat ist die Freiheit.[23]

*

Dreimal reist Dietrich Bonhoeffer in die Schweiz, einmal nach Norwegen, nach Italien, in den Vatikan. Gemeinsam mit Helmuth Graf James von Moltke fährt er im April 1941 nach Schweden. Ein reichliches Jahr später trifft er – wieder in Schweden – den englischen Bischof George Bell, den er von früher kennt. Der Bischof soll ihr Memorandum an die britische Regierung weitergeben. Sie haben ihre Pläne aufnotiert: Wenn der Umsturz stattfindet, was dann? Wenn Hitler ausgeschaltet werden kann, welche Friedenspläne sollen umgesetzt werden? Allerdings reagieren die Briten nicht wie erwartet; Berichte über die deutsche Opposition werden angezweifelt. Eine verpasste Chance. Ein positives Signal aus dem Ausland hätte dem deutschen Widerstand entscheidenden Auftrieb geben können.

Mehrere Attentatversuche der Abwehr-Mitarbeiter, bei denen sie Adolf Hitler töten wollen, schlagen fehl.

Manches Mal zerschlagen sich Verabredungen in letzter Stunde. Kontaktpersonen erscheinen nicht am Treffpunkt.

Was tun? Bonhoeffer führt weiter Gespräche. In tastenden Diskussionen mit Kontaktpersonen versucht Dietrich, Pfarrerkollegen vom verhassten Militärdienst befreien zu lassen. Denn der Krieg hat sich inzwischen in den Mittelmeerraum und nach Ostafrika ausgeweitet. Deutsche Soldaten kämpfen gegen Partisanen auf dem Balkan, in Nordafrika und Italien. Während die USA in den Krieg eingetreten sind und sich die Lage an der Ostfront drastisch verschlechtert, treiben die Nationalsozialisten zudem die Vernichtung der Juden voran. Diese werden systematisch in Todeslager abtransportiert.

Was tun? Schreiben kann etwas bewegen. Bonhoeffer verfasst Berichte, so zum Beispiel über erste Massendeportationen der jüdischen Mitbürger. Gemeinsam mit Friedrich Justus Perels, einem Justiziar der Bekennenden Kirche, dokumentiert er im Oktober 1941, was die Juden in Berlin, Köln, Düsseldorf und Elberfeld erleben müssen: die erzwungene Räumung ihrer Wohnungen. Die Schikanen. Die Gewalt. Der wohlorganisiert-glatte Abtransport ganzer jüdischer

Familien in die Todeslager. Damit einige Juden in die Schweiz fliehen können, schreibt Bonhoeffer gezielt Bittbriefe. Es gelingt; mehr als ein Dutzend Menschen können sie retten. »Nur einen Augenblick berührtest du selig die Freiheit«, wird er später notieren.

*

Er, Bonhoeffer, trägt die Maske des harmlosen Pastors. So hat es sein Biograph Eric Metaxas einmal beschrieben. Mithilfe dieser Maske gelingt es Dietrich, die anstrengend-belastende Doppelrolle als Agent und Spion wahrzunehmen. »An Gott, an Christus muss ich immerfort denken, an Echtheit, an Leben«, bemerkt er einmal, »an Freiheit und Barmherzigkeit liegt mir sehr viel.«[24]

Offizielle Reisen für die Abwehr, geheime Treffen und hektisches Planen wechseln ab mit langen Phasen des Schreibens. Tatsächlich arbeitet Bonhoeffer an einem neuen Buch, der evangelischen Ethik. Erneut begibt er sich in mönchische Abgeschiedenheit, um zu schreiben. Im katholischen Kloster Ettal in Bayern ist er, der evangelische Pastor, von November 1940 bis Februar 1941 zu Gast. Mit dem Abt und den Mönchen lesen sie sein Buch *Gemeinsames Leben*. Dabei diskutieren sie, was das Zusammenleben mit den Brüdern in Finkenwalde geprägt hat. Wie mag er sich dabei gefühlt haben, wenn sie von einem Tagesablauf mit Andacht, Beten, Singen, Bibellesen, Predigen und gemeinsamen Mahlzeiten lesen? Während die jungen Pfarrer, die damals zusammen gelebt und gelernt haben, nun an alle Kriegsfronten verstreut sind?

*

Aus Russland erreichen ihn drastisch-grausame Schilderungen des Kriegsalltags. 50 russische Gefangene – das schreibt ihm ein Bruder, Erwin Sander – musste seine Einheit erschießen. Man wollte diese nicht zu ihrer nächsten Marschstation mitnehmen; also wurden diese Menschen kurzerhand hingerichtet. Ein anderes Mal haben sie russische Kinder und

Frauen erschossen. Man vermutete, sie versorgten Partisanen mit Lebensmitteln. Anderthalb Jahre später ist Erwin Sander tot.

»Die Kleider kleben uns – für 45 minus [Grad] berechnet, aber auch in den beheizten Panjehäusern anbehalten – seit Jahresanfang auf dem Leib«, schreibt Anfang Februar 1942 einer seiner ehemaligen Studenten, Erich Klapproth, an Dietrich. »Tagelang kommen wir nicht einmal zum Händewaschen, sondern gehen von den Toten zum Essen und von da aus wieder ans Gewehr. Alle Energie muss zum Kampf gegen die Gefahr des Verfrierens, zu Bewegungen trotz aller Todmüdigkeit aufgebracht werden. [...] Wir träumen viel von Ablösung, schon jetzt sind wir allerdings statt 150 nur noch 40 Mann – [wir träumen] noch mehr von Deutschland –, ich von dem ›ruhigen und stillen Leben in aller Gottseligkeit und Ehrbarkeit‹. Aber wir wissen alle nicht, ob wir noch nach Hause kommen dürfen.«

Nach Hause wird er nicht mehr zurückkommen; Erich Klapproth fällt 1942 an der Front.

Insgesamt werden von den 178 Vikaren 53 während des Krieges sterben oder als vermisst gemeldet sein. Viele, viele erleiden Verletzungen und Erfrierungen. Genickschüsse, Hinrichtungen, die Kälte. Immer wieder erreichen Dietrich in Deutschland solche Schilderungen des Grauens. Die Todesnachrichten von der Front reißen nicht ab.

*

Die Brüder wissen nichts von Dietrich Bonhoeffers konspirativen Reisen, von den heimlichen Treffen mit ausländischen Kontaktmännern, von seinen Plänen für die Zeit nach dem Hitlerregime. Alle paar Monate schreibt er den Brüdern lange Briefe. Ermahnt, beschwört, baut auf, erinnert. Begierig warten die jungen Pfarrer auf Bonhoeffers Rundbriefe, die ihnen zur Stütze werden. Die sie daran erinnern: Auch wenn sie sich jetzt alleine fühlen – ob unter verängstigten Gemeindemitgliedern, in der Gefängniszelle, im Lazarett oder im Schützengraben an der Front –, sind sie doch Teil einer großen Gemeinschaft.

Dietrich Bonhoeffers Notizen zu einem Brief, wahrscheinlich im Mai 1940

Überblick entschwindet, wollt Nachrichten,
können uns nicht mehr so leicht ineinander
versetzen
Abgesehen von aller Problematik die Existenz von
Millionen Menschen – Leben, nicht mehr sein
Leben selbst dort einzusetzen, wo wir wollen.
Freiheit des Amtes.
Im Amt draußen?
Nicht die Empfindsamkeit pflegen.
Das Wort entschwindet angesichts des Alltäg-
lichen, plötzlich ist es wieder da. Ordnung
ist nicht alles. Freiheit des Heiligen Geistes.
Gewiss entzündet das Lesen des Wortes das
Verlangen nach dem Wort.
Das Maß der Bewusstheit des Christseins.
Jub.bibel [Stuttgarter Jubiläumsbibel] Kleinausgabe
Betet für eure Gemeinden![25]

Aus diesen Notizen formuliert Bonhoeffer seinen Brief an die Brüder.

Auszug aus dem Rundbrief vom Mai 1940

Es ist, glaube ich, überhaupt wieder einmal an der Zeit, etwas von der Freiheit unseres christlichen Lebens und der Gnade Gottes zu sagen. Manche von Euch, die Ihr im Feld seid, schreiben etwas bedrückt über die Schwierigkeit, eine Ordnung christlichen Lebens mit dem Euch ganz in Anspruch nehmenden täglichen Dienst zu vereinen.

Zeit und Ruhe für das Lesen der Schrift, für Gebet und Fürbitte sind für viele einfach nicht zu finden. Aber darüber hinaus scheint es auch sehr verschieden mit der Möglichkeit zu stehen, solche Gespräche zu führen, wie wir sie uns als Christen ersehnen, und einen gewissen Einfluss auf die allgemeinen Gesprächsgegenstände zu gewinnen.

Die einen schreiben sehr beglückt darüber, die anderen ebenso betrübt.

Ich weiß nur nicht, ob es ganz richtig ist, wenn man Euch immer wieder schreibt, dass Ihr auch da draußen »im Amte« seid und sein müsst. Gewiss wird keiner von uns jemals von der Verantwortung seines Christenstandes entbunden, und keiner darf es verleugnen, dass er Pastor ist. Aber ist das nicht doch etwas anderes, als wenn man so selbstverständlich sagt, dass man auch draußen »im Amte« sei? Das seid Ihr meiner Meinung nach doch eigentlich nicht und könnt es auch nicht sein. Ich befürchte ja eine Illusion, die gerade dem Ernsthaften zum harten Gesetz wird, an dem er sich wund reibt und schließlich scheitern muss. [...]

Wenn einer von Euch etwas bekümmert schreibt, dass er eben nur Soldat unter Soldaten sein könne und dass er dabei versuche, ein Christ zu bleiben, dass aber seine Kraft darüber hinaus nicht reiche, so möchte ich den und alle, denen es ebenso geht, trösten. Ich kann darin keine Untreue gegen das Amt erblicken. Man kann eben als Soldat nicht einfach die Existenz eines Pastors weiterführen, und man soll sich daran nicht innerlich aufreiben. […]

Also, ich hoffe, Ihr versteht, was ich meine: Wir freuen uns mit jedem, dem sich Türen auftun, und sind mit dem dankbar dafür, aber wir stehen auch neben jedem, dem es anders ergeht, und wollen nicht, dass er darum an seinem Rufe zum Amt irre wird.

Der große Unterschied zwischen Eurer Existenz, liebe Brüder im Feld, und der unseren, die wir noch in der Freiheit des Amtes stehen, […] macht es sogar manchmal nicht mehr ganz leicht, einander zu verstehen. […] Nun wollen wir aber alle einmal nicht mehr auf unsere verschiedene Lage und Arbeit sehen und uns darüber Gedanken machen, sondern wir wollen gemeinsam auf die Arbeit Gottes sehen, die nicht stille steht […]. Wir wollen auf Seine Gnade sehen, die uns alle durch viele dunkle Stunden […] bis hierher bewahrt hat. […][26]

Entwurf für einen Rundbrief von Dietrich Bonhoeffer an die Brüder vom 1. Advent 1942

Liebe Brüder!

Am Beginn dieses Briefes, der Euch in ernster Stunde zu rechter Freude rufen soll, müssen die Namen der Brüder stehen, die gefallen sind, seit ich Euch zuletzt schrieb: P. Wälde, W. Brandenburg, Hermann Schröder, R. Lynker, Erwin Schutz, K. Rhode, Alfred Viol, Kurt Onnasch, Fritz' jüngerer Bruder, außer ihnen – vielen von Euch wohlbekannt – Major von Wedemeyer und sein ältester Sohn Max, mein ehemaliger Konfirmand. ›Ewige Freude wird über ihrem Haupte sein ...‹ (Jesaja 35,10) Wir gönnen es ihnen, ja sollen wir sagen, dass wir sie im Stillen manchmal beneiden?

Seit alten Zeiten gilt in der christlichen Kirche die *acedia* – die Traurigkeit des Herzens, die Resignation – als eine der Todsünden. ›Dient ihm mit Freuden‹ (Psalm 100,2) ruft uns die Schrift zu. Dazu ist uns unser Leben gegeben und dazu ist es uns bis zur Stunde erhalten. Nicht nur den Heimgerufenen, sondern auch uns Lebenden gehört die Freude, die uns keiner rauben soll. In dieser Freude sind wir mit ihnen eins, niemals aber in der Traurigkeit. Wie sollen wir den freudlos und mutlos Gewordenen helfen können, wenn wir nicht selbst von Mut und Freude getragen sind. Nichts Gemachtes, Erzwungenes, sondern etwas Geschenktes, Freies ist da gemeint.

Bei Gott wohnt die Freude, und von ihm kommt sie herab und ergreift Geist, Seele und Leib, und wo diese Freude einen Menschen gefasst hat, dort greift sie um sich, dort reist sie mit, dort sprengt sie verschlossene Türen.

Es gibt eine Freude, die von Schmerz, Not und Angst des Herzens gar nichts weiß; die hat keinen Bestand, sie kann nur für Augenblicke betäuben. Die Freude Gottes ist durch die Armut der Krippe und die Not des Kreuzes gegangen; und darum ist sie unüberwindlich, unwiderleglich. Sie leugnet nicht die Not, wo sie da ist, aber findet inmitten ihrer, gerade in ihr, Gott; sie bestreitet nicht die ernsten Sünden, aber sie findet gerade so die Vergebung; sie sieht dem Tod ins Auge, aber sie findet gerade in ihm das Leben. Um diese Freude, die überwunden hat, geht [es]. Sie allein ist glaubwürdig, sie allein hilft und heilt.

Auch die Freude unserer Heimgerufenen ist eine Freude des Überwindens – der Auferstandene trägt die Zeichen des Kreuzes an seinem Leibe –, wir stehen noch im täglichen Überwinden, sie haben für alle Zeit überwunden. Gott allein weiß, wie fern oder wie nahe schon wir der letzten Überwindung stehen, in der uns der eigene Tod zur Freude werden darf. ›Mit Fried und Freud fahr ich dahin …‹

Manche von uns leiden stark darunter, dass sie gegen so viel Leiden, wie es diese Kriegsjahre mit sich bringen, innerlich abstumpfen.

Neulich sagte einer zu mir: Ich bete täglich

darum, dass ich nicht stumpf werde. Das ist gewiss ein gutes Gebet. Und doch, wir müssen uns davor hüten, uns selbst mit Christus zu verwechseln. Christus erlitt alles Leiden und alle Schuld der Menschen selbst in vollem Maße, ja, darin war er Christus, dass er und er allein das ertrug. Aber Christus konnte mitleiden, weil er zugleich aus allem Leiden erlösen konnte. Aus der Liebe und der Kraft, die Menschen zu erlösen, kam ihm die Kraft mitzuleiden.

Wir sind nicht berufen, uns die Leiden der ganzen Welt aufzubürden, wir können im Grunde von uns aus gar nicht mitleiden, weil wir nicht erlösen können. Ein Mitleidenwollen aus eigner Kraft aber muss zu Boden drücken, zu Resignation treiben. Wir sind nur berufen, voller Freude auf den zu sehen, der in Wirklichkeit mitlitt und der Erlöser wurde. Voller Freude dürfen wir es glauben, dass einer da war, da ist, dem kein menschliches Leid und keine menschliche Sünde fremd ist und [der] in tiefster Liebe unsere

Erlösung vollbracht hat. Nur in solcher Freude an Christus, dem Erlöser, werden wir allein davor bewahrt werden abzustumpfen, wo uns menschliches Leid begegnet, aber auch [davor,] unter der Erfahrung des Leides zu resignieren. Nur soviel wir an Christus glauben, soviel wir uns an Christus …[27]

*

Hier bricht der Briefentwurf ab. Es wird der letzte Rundbrief sein, den Dietrich für die Brüder verfasst.

Zur Jahreswende 1942/1943 schreibt er in einem Rückblick auf die vergangenen zehn Jahre eine Art persönliches Glaubensbekenntnis.

»Über das Walten Gottes in der Geschichte« von Dietrich Bonhoeffer

Ich glaube, dass Gott aus allem, auch aus dem Bösesten, Gutes entstehen lassen kann und will. Dafür braucht er Menschen, die sich alle Dinge zum Besten dienen lassen. Ich glaube, dass Gott uns in jeder Notlage so viel Widerstandskraft geben will, wie wir brauchen. Aber er gibt sie nicht im Voraus, damit wir uns nicht auf uns selbst, sondern allein auf ihn verlassen. In solchem Glauben müsste alle Angst vor der Zukunft überwunden sein. Ich glaube, dass auch unsere Fehler und Irrtümer nicht vergeblich sind und dass es Gott nicht schwerer ist, mit ihnen fertigzuwerden als mit unseren vermeintlichen Guttaten. Ich glaube, dass Gott kein zeitloses Fatum ist, sondern dass er auf aufrichtige Gebete und verantwortliche Taten wartet und antwortet.[28]

*

Tatenloses Abwarten und stumpfes Zuschauen sind keine christlichen Haltungen.

*

Der schwarze Mercedes der Geheimen Staatspolizei wird am 5. April 1943 vor Dietrich Bonhoeffers Elternhaus in Berlin anhalten. Beamte der Gestapo werden am Haus in der Marienburger Allee 43 klingeln und Dietrich verhaften. Im März sind zwei Attentate der Gruppe Canaris gescheitert, bei denen sie Hitler töten wollten. Der Pastor steht unter Verdacht. Später werden eindeutige Dokumente auftauchen, die seine Zugehörigkeit zum Widerstand beweisen.

Zwei lange Jahre und vier Tage wird Dietrich in unterschiedlichen Gefängnissen festgehalten werden, bevor man ihn am Morgen des 9. April 1945 auf persönlichen Befehl Adolf Hitlers hinrichten wird – mit nur 39 Jahren.

Doch er bereut nicht, dass er aus den USA, aus der sicheren Freiheit, zurückgekehrt ist in die nationalsozialistische Diktatur. Dem Freund Eberhard Bethge gegenüber betont er dies eindringlich.

Auszug aus einem Brief von Dietrich Bonhoeffer an seine Eltern vom 17. Dezember 1943 aus dem Gefängnis in Berlin-Tegel

Liebe Eltern!

Ich brauche Euch nicht zu sagen, wie groß meine Sehnsucht nach Freiheit und nach Euch allen ist.

Aber Ihr habt uns durch Jahrzehnte hindurch so unvergleichlich schöne Weihnachten bereitet, dass die dankbare Erinnerung daran stark genug ist, um auch ein dunkleres Weihnachten zu überstrahlen.

In solchen Zeiten erweist es sich eigentlich erst, was es bedeutet, eine Vergangenheit und ein inneres Erbe zu besitzen, das von dem Wandel der Zeiten und Zufälle unabhängig ist. Das Bewusstsein, von einer geistigen Überlieferung, die durch Jahrhunderte reicht, getragen zu sein, gibt einem allen vorübergehenden Bedrängnissen gegenüber das sichere Gefühl der Geborgenheit.

Ich glaube, wer sich im Besitze solcher Kraftreserven weiß, braucht sich auch weicherer Gefühle, die meiner Meinung nach doch zu den besseren und edleren der Menschen gehören, nicht zu schämen, wenn die Erinnerung an eine gute und reiche Vergangenheit sie hervorruft. Überwältigen werden sie denjenigen nicht, der an den Werten festhält, die ihm kein Mensch nehmen kann. […] [29]

Brief von Dietrich Bonhoeffer an seinen Freund Eberhard Bethge vom 22. Dezember 1943 aus dem Gefängnis in Berlin-Tegel

---

Man muss sich klar über das werden, was man will, man muss sich fragen, ob man es verantworten kann, und dann muss man es mit einer unwiderstehlichen Zuversicht tun. Dann und nur dann kann man auch die Folgen tragen.

Du musst übrigens wissen, dass ich noch keinen Augenblick meine Rückkehr 1939 bereut habe, noch auch irgendetwas von dem, was dann folgte.

Das geschah in voller Klarheit und mit bestem Gewissen. Ich will nichts von dem, was sich seit damals ereignet hat, aus meinem Leben streichen, weder das Persönliche (Wäre ich anders verlobt? Wärest Du verheiratet? Außerdem Sigurdshof, Ostpreußen, Ettal, meine Krankheit unter Deiner Assistenz, die Berliner Zeit) noch das Allgemeine.

Und dass ich jetzt [im Gefängnis] sitze (erinnerst Du Dich an das Jahr, das ich Dir im vorigen März prophezeite?), rechne ich auch zu dem Teilnehmen an dem Schicksal Deutschlands, zu dem ich entschlossen war. Ohne jeden Vorwurf denke ich an das Vergangene, und ohne Vorwurf nehme ich das Gegenwärtige hin.[30]

*

Teilnehmen an Deutschlands Schicksal. Und danach – wenn Hitler erst beseitigt ist – Staat und Kirche neu aufbauen. Daran will er tatkräftig mitwirken. Noch kann Dietrich während der Gestapo-Verhöre seine Rolle abschwächen, sich als unschuldig darstellen. Er hofft, dass er bald entlassen wird.

1. Von guten Mächten treu u. still umgeben
behütet u. getröstet wunderbar, –
so will ich diese Tage mit euch leben
u. mit euch gehen in ein neues Jahr;

2. noch will das alte unsre Herzen quälen
noch drückt uns böser Tage schwere Last,
Ach Herr, gib unsern aufgescheuchten Seelen
das Heil, für das Du uns geschaffen hast.

3. Und reichst Du uns den schweren Kelch, den bittern,
des Leids, gefüllt bis an den höchsten Rand,
so nehmen wir ihn dankbar ohne Zittern
aus Deiner guten u. geliebten Hand.

4. Doch willst Du uns noch einmal Freude schenken
an dieser Welt u. ihrer Sonne Glanz,
dann woll'n wir des Vergangenen gedenken,
u. dann gehört Dir unser Leben ganz.
5. Lass warm u. hell die Kerzen heute flammen
die Du in unsere Dunkelheit gebracht,
führ, wenn es sein kann, wieder uns zusammen
Wir wissen es, Dein Licht scheint in der Nacht.

6. Wenn sich die Stille nun tief um uns breitet,
so lass uns hören jenen vollen Klang
der Welt, die unsichtbar sich um uns weitet,
all Deiner Kinder hohen Lobgesang.

7. Von guten Mächten wunderbar geborgen
erwarten wir getrost, was kommen mag.
Gott ist bei uns am Abend und am Morgen,
und ganz gewiss an jedem neuen Tag.

Sei mit Eltern u. Geschwistern in treuer Liebe u. Dankbarkeit gegrüßt. Es umarmt Dich

Dein Dietrich.

Von guten Mächten treu und still umgeben,
behütet und getröstet wunderbar,
so will ich diese Tage mit euch leben
und mit euch gehen in ein neues Jahr.

Noch will das alte unsre Herzen quälen,
noch drückt uns böser Tage schwere Last.
Ach Herr, gib unsern aufgeschreckten Seelen
das Heil, für das du uns geschaffen hast.

Und reichst du uns den schweren Kelch,
den bittern
des Leids, gefüllt bis an den höchsten Rand,
so nehmen wir ihn dankbar ohne Zittern
aus deiner guten und geliebten Hand.

Doch willst du uns noch einmal Freude schenken
an dieser Welt und ihrer Sonne Glanz,
dann wolln wir des Vergangenen gedenken,
und dann gehört dir unser Leben ganz.

das in Unordnung weicht
vor schon gewonnenem Sieg?

Wer bin ich? Einsames Fragen
treibt mit mir Spott.
Wer ich auch bin, Du kennst mich,
Dein bin ich, o Gott! [32]

*

Wer bin ich?

Wer bin ich? Sie sagen mir oft,
ich träte aus meiner Zelle
gelassen und heiter und fest
wie ein Gutsherr aus seinem Schloß.
Wer bin ich? Sie sagen mir oft,
ich spräche mit meinen Bewachern
frei und freundlich und klar,
als hätte ich zu gebieten.
Wer bin ich? Sie sagen mir auch,
ich trüge die Tage des Unglücks
gleichmütig, lächelnd und stolz
wie einer, der Siegen gewohnt ist.

Bin ich das wirklich, was andere von mir sagen?
Oder bin ich nur das, was ich selbst von mir weiß?
unruhig, sehnsüchtig, krank wie ein Vogel im Käfig,
ringend nach Lebensatem, als würgte mir einer die Kehle
hungernd nach Farben, nach Blumen, nach Vogelstimmen
dürstend nach guten Worten, nach menschlicher Nähe,

zitternd vor Zorn über Willkür und kleinlichste Kränkung,
umgetrieben vom Warten auf große Dinge,
ohnmächtig bangend um Freunde in endloser Ferne,
müde und leer zum Beten, zum Denken, zum Schaffen,
matt und bereit von allem Abschied zu nehmen.
Wer bin ich? Der oder jener?
Bin ich denn heute dieser und morgen ein andrer?
Bin ich beides zugleich? Vor Menschen ein Heuchler
und vor mir selbst ein verächtlich wehleidiger Schwächling?
Oder gleicht, was in mir noch ist, dem geschlagenen Heer,
das in Unordnung weicht vor schon gewonnenem Sieg?
Wer bin ich? Einsames Fragen treibt mit mir Spott.
Wer ich auch bin, Du kennst mich, Dein bin ich, o Gott!

Wer bin ich? Diese Zeilen schreibt Bonhoeffer kurz vor dem 8. Juli 1944. Im Begleitbrief erwähnt er seine Reisen nach Ostpreußen; gut möglich, dass er damit auf das geplante Attentat auf Hitler in dessen dort gelegenem Hauptquartier anspielt, das schon bald stattfinden soll.

Das Attentat, das wir heute als das vom 20. Juli 1944 kennen, scheitert.

Hitler überlebt die Explosion der im Führerhauptquartier »Wolfsschanze« von Claus Schenk Graf von Stauffenberg deponierten Sprengladung. Der »Führer« ist nur leicht verletzt.

Es ist der bedeutendste Umsturzversuch des militärischen Widerstandes in der Zeit des Nationalsozialismus. Beteiligt daran sind über 200 Personen: ein Generalfeldmarschall, über 40 Generäle und Oberste, zwei Botschafter, sieben Diplomaten, ein Minister, drei Staatssekretäre sowie der Chef des Reichskriminalpolizeiamts; mehrere Oberpräsidenten, Polizeipräsidenten und Regierungspräsidenten; darüber hinaus Offiziere, Verwaltungsbeamte, Diplomaten, Juristen, Industrielle, Theologen, Gutsbesitzer, Gewerkschafter und Sozialdemokraten.

Für Dietrich Bonhoeffer verschlechtert sich seine Lage schlagartig: Nach dem 20. Juli 1944 bearbeitet eine über 400-köpfige Einheit der Geheimen Staatspolizei den Fall. Ein Aktenfund macht deutlich: Pastor Bonhoeffer spielte eine ganz andere Rolle, als er in seinen Verhören zugibt! Zugleich verschwinden bei einer hektischen Verhaftungswelle viele einflussreiche Freunde, die ihn bisher schützen konnten. Dietrich glaubt, dass er bald hingerichtet wird. In den Tagen nach dem gescheiterten Hitler-Attentat schreibt er dieses Gedicht über die Freiheit.

Stationen auf dem Wege zur Freiheit.

Zucht.

Ziehst du aus, die Freiheit zu suchen, so lerne vor allem
Zucht der Sinne und deiner Seele, daß die Begierden
und deine Glieder dich nicht bald hierhin bald dorthin führen.
Keusch sei dein Geist und dein Leib, gänzlich dir selbst unterworfen
und gehorsam, das Ziel zu suchen, das ihm gesetzt ist.
Niemand erfährt das Geheimnis der Freiheit, es sei denn durch Zucht.

Tat.

Nicht das Beliebige, sondern das Rechte tun u. wagen,
nicht im Möglichen schweben, das Wirkliche tapfer ergreifen,
nicht in der Flucht der Gedanken, allein in der Tat ist die Freiheit.
Tritt aus ängstlichem Zögern heraus in den Sturm des Geschehens
nur von Gottes Gebot u. deinem Glauben getragen,
und die Freiheit wird deinen Geist jauchzend umfangen.

(Leiden!)

Leiden.

Wunderbare Verwandlung. Die starken tätigen Hände
sind dir gebunden. Ohnmächtig einsam siehst du das Ende
deiner Tat. Doch atmest du auf und legst das Rechte
still und getrost in stärkere Hand und gibst zufrieden.
Nur einen Augenblick berührtest du selig die Freiheit,
dann übergabst du sie Gott, damit er sie herrlich vollende.

Tod.

Komm nun, höchstes Fest auf dem Wege zur ewigen Freiheit,
Tod, leg nieder beschwerliche Ketten u. Mauern
unseres vergänglichen Leibes u. unserer verblendeten Seele,
daß wir endlich erblicken, was hier uns zu sehen mißgönnt ist.
Freiheit, dich suchten wir lange in Zucht und in Tat und in Leiden.
Sterbend erkennen wir nun (ganz) im Angesichte Gottes dich selbst.

L. L.! Ich schrieb diese Zeilen heute schnell in ein paar Stündchen. Sie sind recht roh; dennoch freuen sie Dich vielleicht etwas u. sind doch so etwas wie ein eigenes Geburtstagsgeschenk!

Herzlichst! Dein D.

Stationen der Freiheit. Gedicht von Dietrich Bonhoeffer, August 1944

Ein Geburtstagsgeschenk aus der Haft an den Freund Eberhard Bethge

Zucht

Ziehst du aus, die Freiheit zu suchen,
so lerne vor allem
Zucht der Sinne und deiner Seele,
dass die Begierden
und deine Glieder dich nicht bald hierhin,
bald dorthin führen.
Keusch sei dein Geist und dein Leib, gänzlich dir selbst unterworfen
und gehorsam, das Ziel zu suchen, das ihm gesetzt ist.
Niemand erfährt das Geheimnis der Freiheit, es sei denn durch Zucht.

Tat

Nicht das Beliebige,
sondern das Rechte tun und wagen,
nicht im Möglichen schweben,
das Wirkliche tapfer ergreifen,
nicht in der Flucht der Gedanken,
allein in der Tat ist die Freiheit.
Tritt aus ängstlichem Zögern heraus
in den Sturm des Geschehens,
nur von Gottes Gebot
und deinem Glauben getragen,
und die Freiheit wird deinen Geist
jauchzend empfangen.

Leiden

Wunderbare Verwandlung.
Die starken, tätigen Hände
sind dir gebunden. Ohnmächtig,
einsam siehst du das Ende deiner Tat.
Doch atmest du auf und legst das Rechte
still und getrost in stärkere Hand
und gibst dich zufrieden.

Nur einen Augenblick
berührtest du selig die Freiheit,
dann übergabst du sie Gott,
damit er sie herrlich vollende.

Tod

Komm nun, höchstes Fest auf dem Wege
zur ewigen Freiheit,
Tod, leg nieder beschwerliche Ketten und Mauern
unsres vergänglichen Leibes und
unsrer verblendeten Seele,
dass wir endlich erblicken,
was hier uns zu sehen missgönnt ist.
Freiheit, dich suchten wir lange in Zucht
und in Tat und in Leiden.
Sterbend erkennen wir nun
im Angesicht Gottes dich selbst.[33]

Gibt es einen Ausweg aus der Zelle? Dietrich möchte fliehen. Der Wachmann, der ihm regelmäßig seine Briefe herausschmuggelt, wäre bereit mitzumachen. Mit ihm könnte Dietrich Bonhoeffer durchs Tor gehen, dann untertauchen. Seine Familie besorgt Monteurskleidung, Lebensmittelkarten, Geld. Sie deponieren es in einem Schrebergartenhäuschen. Alles ist vorbereitet. Da wird sein Bruder Klaus verhaftet.

Es ist Sonntag, der 1. Oktober 1944. Dietrich Bonhoeffer wird nicht mehr fliehen.

Er will, das macht er deutlich, seine Familie nicht noch mehr gefährden. So bleibt er in der Zelle, in Unfreiheit, um seine Verwandten zu schützen. In dem Dreivierteljahr, das ihm noch bleibt, wird er immer wieder an seine Schüler aus den Predigerseminaren denken. An seine Freunde, seine Pfarrerkollegen, seine junge Verlobte Maria, die er nicht mehr treffen darf. Ebenfalls inhaftiert sind seine Schwager Hans von Dohnanyi und Rüdiger Schleicher, sein Bruder Klaus und dessen Freund Justus Delbrück. Sein Bruder Walter ist bereits im Ersten Krieg gefallen. Seine

Zwillingsschwester Sabine ist mit ihrem jüdischstämmigen Mann Gerhard Leibholz ins Ausland geflohen.

Ungeachtet dessen wird der 39-jährige Pastor andere Mitgefangene aufrichten, indem er ihnen kleine Zettel mit zuversichtlichen Bibelworten zusteckt. Indem er predigt – selbst im Konzentrationslager noch. Nachfolge Jesu, das hat er einmal notiert, muss mitten in der Welt gelebt werden. Was unter den besonderen Umständen und Erleichterungen des klösterlichen Lebens geübt wurde, ist nun das Notwendige geworden.

*

Du hast eine glückliche Anlage in Dir: Du kannst Dich freuen.

Freue Dich soviel Du kannst; Freude macht stark.

Sich recht freuen heißt, in allem Gott sehen und seine Liebe,

dort, wo es heiter und freundlich aussieht,

aber auch dort, wo es einmal nicht so geht, wie Du es wohl wünschst. Das ist nicht ganz leicht.

Es ist das Unbegreifliche und doch Wahre, Wirkliche und Lebendige, an dem Freude sich entzündet.

Darum ist rechte Freude selbst immer etwas Unbegreifliches, sowohl für die anderen als auch für den, der sie empfindet.

Freude ist einfach da.[34]

Es gibt kaum ein beglückenderes Gefühl als zu spüren, dass man für andere Menschen etwas sein kann. Dabei kommt es gar nicht auf die Zahl, sondern auf die Intensität an. Schließlich sind eben die menschlichen Beziehungen doch einfach das Wichtigste im Leben; daran kann auch der moderne »Leistungsmensch« nichts ändern, aber auch nicht die, die von menschlichen Beziehungen nichts wissen.

Gott selbst lässt sich von uns im Menschlichen dienen. Gewiss kann eine allzu bewusste Pflege der menschlichen Beziehungen und des Einander-etwas-Bedeutens zu einem Kult des Menschlichen führen, der der Wirklichkeit unangemessen ist. Ich meine demgegenüber hier die schlichte Tatsache, dass die Menschen uns wichtiger im Leben sind als alles andere. Das bedeutet gewiss keine Geringschätzung der Welt der Dinge und der sachlichen Leistung. Aber was ist mir das schönste Buch oder Bild oder Haus oder Gut gegenüber meiner Frau, meinen Eltern, meinem Freund?

So kann allerdings nur sprechen, wer wirklich in seinem Leben Menschen gefunden hat.[35]

Überlegungen von Dietrich Bonhoeffer aus seiner *Ethik*

Jesus steht vor Gott als der Gehorsame und als der Freie. Als der Gehorsame tut er den Willen des Vaters in blinder Befolgung des ihm befohlenen Gesetzes. Als der Freie bejaht er den Willen aus eigenster Erkenntnis, mit offenen Augen und freudigem Herzen schafft er ihn gleichsam aus sich selbst heraus aufs Neue.

Gehorsam ohne Freiheit ist Sklaverei, Freiheit ohne Gehorsam ist Willkür.

Der Gehorsam bindet die Freiheit, die Freiheit adelt den Gehorsam.

Der Gehorsam bindet das Geschöpf an den Schöpfer, die Freiheit stellt das Geschöpf in seiner Ebenbildlichkeit dem Schöpfer gegenüber.

Der Gehorsam zeigt dem Menschen, dass er sich sagen lassen muss, was gut ist und was Gott von ihm fordert (Micha 6,8), die Freiheit lässt den Menschen das Gute selbst schaffen.

Gehorsam weiß, was gut ist, und tut es.

Die Freiheit wagt zu handeln und stellt das Urteil über Gut und Böse Gott anheim.

Gehorsam folgt blind, Freiheit hat offene Augen.

Gehorsam handelt, ohne zu fragen, Freiheit fragt nach dem Sinn.

Gehorsam hat gebundene Hände, Freiheit ist schöpferisch.

Im Gehorsam befolgt der Mensch den Dekalog [Zehn Gebote] Gottes, in der Freiheit schafft der Mensch neue Dekaloge.

In der Verantwortung realisiert sich beides, Gehorsam und Freiheit. Sie trägt diese Spannung in sich. Jede Verselbstständigung des einen gegen das andere wäre das Ende der Verantwortung. Verantwortliches Handeln ist gebunden und doch schöpferisch.[36]

»Mag sein,
dass der Jüngste Tag
morgen anbricht,
dann wollen wir gerne die Arbeit
für eine bessere Zukunft
aus der Hand legen,
vorher aber nicht.«[37]

Quellennachweise

Dietrich Bonhoeffers Briefe und Aufzeichnungen bewahrt die Staatsbibliothek zu Berlin auf. Sie sind abgedruckt in:

Dietrich Bonhoeffer Werke (DBW). Herausgegeben von Eberhard Bethge, Ernst Feil, Christian Gremmels u. a., Gütersloh 2015.

Eine Übersicht über die Bände findet sich hier:
https://www.dietrich-bonhoeffer.net/werkausgabe/

Die Schreibweise in den originalen Brief- und Tagebuchstellen haben wir der heutigen angeglichen, Abkürzungen haben wir aufgelöst.

1 DBW Bd. 5, S. 37
2 DBW Bd. 14, S. 875
3 DBW Bd. 5, S. 15
4 DBW Bd. 3, S. 58f.
5 Finkenwalder Rundbriefe. Briefe und Texte von Dietrich Bonhoeffer und seinen Predigerseminaristen 1935–1946. Ergänzungsband zu DBW. Gütersloh 2013, S. 547
6 Brief von Henry Smith Leiper an Reinhold Niebuhr vom 22. Mai 1939, in: DBW Bd. 15, S. 631
7 Brief von Henry Smith Leiper an Samuel McCrea Cavert vom 31. Mai 1939, in: DBW Bd. 15, S. 633
8 Brief von Henry Smith Leiper an Samuel McCrea Cavert vom 31. Mai 1939, in: DBW Bd. 15, S. 632
9 DBW Bd. 15, S. 175f.
10 DBW Bd. 15, S. 443ff.
11 DBW Bd. 15, S. 629
12 DBW Bd. 15, S. 217–240
13 DBW Bd. 15, S. 210 (englisch) und 644 (deutsch)
14 Brief von Dietrich Bonhoeffer an Henry Smith Leiper vom 15. Juni 1939, in: DBW Bd. 15, S. 635f.
15 Brief von Paul Lehmann an seinen Vater Timothy Lehmann vom 17. Juli 1939 aus Columbus, Ohio, in: DBW Bd. 17, S. 149

16 DBW Bd. 15, S. 240
17 DBW Bd. 15, S. 340
18 zit. nach: Die Finkenwalder Rundbriefe, S. 450ff.
19 zit. nach: Die Finkenwalder Rundbriefe, Ergänzungsband zu DBW, S. 457ff.
20 Finkenwalder Rundbriefe, S. 593
21 DBW Bd. 4, S. 34–35
22 DBW Bd. 16, S. 540
23 DBW Bd. 8, S. 571
24 DBW Bd. 16, S. 325
25 Finkenwalder Rundbriefe, S. 469f.
26 Finkenwalder Rundbriefe, S. 471ff.
27 Finkenwalder Rundbriefe, S. 497f.
28 DBW Bd. 8, S. 30f.
29 DBW Bd. 8, S. 240
30 DBW Bd. 8, S. 253f.
31 DBW Bd. 8, S. 607ff.
32 DBW Bd. 8, S. 513f.
33 DBW Bd. 8, S. 570–572
34 Für einen Jugendlichen, in: DBW Bd. 10, S. 540f. und DBW Bd. 12, S. 458
35 DBW Bd. 8, S. 567
36 DBW Bd. 6, S. 288
37 Widerstand und Ergebung, in DBW Bd. 8, S. 36

Foto: © Manfred Riege

Die Autorin

Dr. Barbara Ellermeier, Jahrgang 1980, ist Historikerin. Sie liebt es, aktuelle Forschungsergebnisse in spannende Geschichten zu verwandeln. Mit dem Leben von Dietrich Bonhoeffer beschäftigt sie sich seit vielen Jahren. Sie verfasste eine erste Biografie über Hans Scholl, die große Beachtung fand, und ein bewegendes Buch über dessen Schwester Sophie Scholl. Ihre Bücher wurden mit dem Martha-Saalfeld-Förderpreis und der Theodor-Haecker-Ehrengabe ausgezeichnet.
Auf barbaraellermeierautorin.de können Sie der Autorin bei ihren Recherchen über die Schulter blicken.

Von derselben Autorin lieferbar:

Aus Verantwortung für die Umwelt hat sich die Verlagsgruppe Droemer Knaur zu einer nachhaltigen Buchproduktion verpflichtet. Der bewusste Umgang mit unseren Ressourcen, der Schutz unseres Klimas und der Natur gehören zu unseren obersten Unternehmenszielen. Gemeinsam mit unseren Partnern und Lieferanten setzen wir uns für eine klimaneutrale Buchproduktion ein, die den Erwerb von Klimazertifikaten zur Kompensation des CO_2-Ausstoßes einschließt. Weitere Informationen finden Sie unter: www.klimaneutralerverlag.de

Besuchen Sie uns im Internet:
www.bene-verlag.de

MIX
Papier aus verantwortungsvollen Quellen
FSC® C014496

Lektorat: Nicolas Koch / Stefan Wiesner
Cover- und Innengestaltung, Satz: Maike Michel
Coverabbildung: nach einem Foto von Dietrich Bonhoeffer
Innenabbildungen: bpk / Staatsbibliothek zu Berlin
Druck und Bindung: GGP Media GmbH, Pößneck
Printed in Germany
ISBN 978-3-96340-119-0

5 4 3 2 1